心をつかむ ビジュアル・ストーリー型 プレゼンテーション

ふつうの女子大生たちが身につけた抜群のプレゼン力の秘密

福岡女学院大学 浮田ゼミ 編著

梓書院

心をつかむ
ビジュアル・ストーリー型
プレゼンテーション

ビジュアル・ストーリー型プレゼンをマスターした

浮田ゼミ生たち

【ゼミ長】
①真梨子 マリコ

②智納勢 チトセ

③好未 コノミ

④祐理子 ユリコ

⑤雅美 マサミ

⑥彩乃 アヤノ

⑦由希子 ユキコ

⑧美津紀 ミツキ

⑨由貴 ユキ

⑩奈緒美 ナオミ

⑪聡美 サトミ

⑫奈美 ナミ

⑬莉子 リコ

浮田先生

ちょっと変わったみんなのお父さん。

⑦
④
②
⑩
⑫
③
⑪
⑨
⑧
⑤
⑥
⑬
①

心をつかむビジュアル・ストーリー型プレゼンテーション

心をつかむビジュアル・ストーリー型プレゼンテーション

3 いよいよプレゼンテーション！ 131

はじめに（ウォーミングアップ）

福岡女学院大学　浮田英彦

プレゼンテーション力を手に入れようとネットで検索すると、簡単に、しかも多くの情報を得ることができます。

書店に行っても沢山あるのでどれを買っていいのか迷います。ただこのプレゼンテーションのテクニックというものは、残念ですが簡単に手に入る代物ではありません。10分で身に付くとか、簡単にできるプレゼンテーションという本があったとしたら、本当かなと疑ったほうがいいと思います。

こんなふうに言うと、「大変なんだ」「じゃあ止めとこう」と思われるかもしれません。そうなると本書の目的であるビジュアル・ストーリー型プレゼンテーションの勧めになりません。そこで角度を変えて、「プレゼンテーションは誰にでもできるものです」と書くと、「エッ、そうなの」と思われるでしょう。ただし、「練習さえ積めば」です。

「練習か面倒だな、明後日には○○社にプレゼンしなければならないのでダメだな」。そのような場合はひとつこれを試してください。相手は何を聴きたいのだろうか、それと記憶に残してもらうためにはどんな工夫をすればいいのか——を意識することです。

何を**聴きたい**のか。これは何となく理解してもらえると思います。例えば、ビジネス風に言えば、これを聴いて自分にどのような得があるのかということです。

それは、そうだろうと思われるかもしれませんが、相手のことを第一に考えて十分分析して行っている人は意外と少なく感じます。多くの人が自分の言いたいことを一方的に言うことが多いようです。

もう1つの**記憶に残す**方法はイマイチわかりにくいと思います。そこでこのように考えてみてはいかがでしょうか。

暗記は記憶としてなかなか残りません。たとえば歴史の年号を覚えるのに苦労したことはありませんか。おかげで歴史の授業は嫌いになってしまったと。でも「信長が明智光秀に裏切られた」など、ストーリーとしては覚えているはずです。

ですから、スピーチでもプレゼンテーションでも、流れを作って伝える努力をしてみてください。これが**ストーリー性**です。

この2つだけを意識して行うか行わないかで大きな違いがでます。

プレゼンが明後日に迫っている方の対策はこれくらいしかありませんね。

しかし、必ずプレゼンを成功させるコツは、残念ですがありません。何度も試してみて十分な備えをすること。これにより不安材料が減り、緊張感も少しは軽減される——ということになるのです。

自分の言葉で相手をきちんと**説得**できればこんな力強い「**強み**」はありません。ましてや、「いまのよくわかった」「ぐっときた」「いいね」「ありがとう」などの言葉をもらえば、モチベーションは上昇の一途でしょう。

言葉を話すことはだれもが持っているコミュニケーション手段です。だからこそ誰でも共通して、しかも簡単に、良し悪しを判断でき、感動もできるのです。

「心をつかむプレゼンテーション」は、誰でもできるのですが簡単ではありません。しかし、プレゼンはあくまで「技法」なので、ある程度方法に従って行えば高い効果を発揮できるのです。

プレゼンテーションって？

よく日本人は話が下手で苦手で、外国人は得意という印象がありますね。確かに外国人はジェスチャーが日本人より多く、それもすごく自然に見えます。これが日本人はプレゼンテーションが「下手」ということとなんとなく関係しているのではないでしょうか。

下手か上手かは人によって感じ方の違いがあります。しかし、日本人でも上手に説得をしている人は多くいます。ここに1つポイントがあります。

例えば、伝え方を考えてみてください。どのような方法がありますか。また、あなただったらどのような場合どんな方法で行いますか。わかりやすいように、2つに絞って考えてみましょう。

まず、**紙の資料**を配布する。一般的な方法で、あなたの参加する会議でも行われていると思います。最近でこそタブレットを使って紙の資料配布をしないことがありますが、わたしの時代には9割は紙を配布してそれに沿って説明をしていました。

ここでは勝手に先を読んでいる役員もいれば、全然読まない人もいる。まさに人により様々で、コントロールするのが難しいと感じた人も多いと思います。

この点はいまも同じですが、ここで紙の資料の良いところは「情報を正しく共有させる」ことです。よほど決定的な間違いがなければ、その場を共有している人は同じ情報に、同じ理解をするはずです。

そこで2つ目。**プレゼンテーション**はどうでしょうか。

プレゼンテーションでは「いまの説明わかりにくかったな」と思う人と、「わかったよ」という人に別れることが時々あります。

ここがプレゼンテーションのポイントです。同じことを聴いているのに、異なった印象を与えることが意外と多いのです。

これは聴衆に対する気遣いが欠けている場合に起こります。つまり話したいことを詰め込んで話してしまう、専門的な表現を多用してしまうことなどから起こる現象です。就活の説明会から戻ってきた学生が「あの会社の説明よくわかったね、いいね、興味わいた」というケースと「あの会社の説明は眠かった」というケース。研究室ではこんな話がでます。記憶に残る説明と、まったく残らず眠かった記憶だけが残った説明。これは学生側に立ってプレゼンテーションが構成されていないためです。

時間とコストをかけて準備したのに、言いたいことが伝わらない。ましてや違った捉え方をされたら、もったいないことです。伝え方は沢山ありますが、要は伝達方法の使い分けが大切ということです。つまり、その場にあった伝え方があり、それを踏まえて行うか否かで成果が違うということです。

誰でも自分の言葉で説得できる力を持っているはずで、それを強化しないともったいないですよね。

人前で自分の思いや成果を発表すること、または商品企画の発表などはできれば行いたくないと思っている人が多いと思います。これは苦手なのではなく自分の気持ちで苦手という壁を作っているだけです。自分の言葉で相手が感動してくれたらこんなに素晴らしいことはありません。そしてこんなに強力な力はありません。

わたしたちにもできる

「心をつかむプレゼンテーション」は、誰でもできますよと言いましたが、簡単にとは言っていませんのでご了承ください。

誰でもできることに関しては本書に登場する13名の学生たちが証明しています。どこにでもいる普通の女子学生です。だから**誰にでもできます**。まちがいありません。彼女たちも、わたしにできたのだからあなたたちにできないことないでしょう、と下級生に対して言っています。

これを聞いて下級生は、最初は疑います。なぜならば、彼女たちのプレゼンテーションがあまりにも素晴らしいからです。でもやがてその謎は解けます。方法があることがわかるのです。これを一つひとつ練習していけばいいのだということにたどり着きます。

これで、あなたにもできるということがわかりましたね。プレゼンで心をつかむには方法があります。方法という表現がわかりにくい場合は、ルールと言っても構いません。少し心がほぐれましたか。

簡単ではありませんが、できます

次は簡単ではないが、という話です。英会話の教材に多額の投資をしてきたが続かなかった人、一生懸命受験勉強で覚えたはずなのにいまは思い出せない人、こんな人が多くいます。必死に暗記しようとしても覚えられない、頭に**記憶**として残らない

脳の研究分野に、一度に記憶できる量はとても少ないという研究があります。しかし長い間に覚えた記憶は、あるとき突然思い出すことがあります。感動したことや楽しかったことなどが多いようです。

断片的なものを、映像や音声などと組み合わせ、特徴のあるストーリーに仕立て上げることがわたしたち人間の能力ですが、このストーリー化を駆使すれば、プレゼン

テーションを受けた聴衆の記憶にも残り、練習を行う過程で発表者の頭の中にも記憶されます。

ここに双方向のプレゼンテーションが成立するのです。だから1番苦手な**暗記は必要ありません**。

トレーニングを積んで行く過程で、自分が聴衆に伝えたいことがきちんと頭に入っている→だから緊張感も緩和される→だからきちんと聴衆に向き合うことができる→だから聴衆の記憶に鮮明に残る——という仕組みです。これで原稿を覚えられない、あがり症だ、はずかしいといった心の壁が少し低くなったでしょう。

聴きたい動機は、わかりやすいこと

みなさんは自分の時間を使ってまでわざわざプレゼンテーションのトレーニングなどは考えないですよね。しかし、「これこれこういうことが身に付き、それが自分の力、強みになります」と付け加えたら興味を持っていただけますよね。

この点は本文中でも触れていますが、聴衆の心理も同じです。これを聴けば何かが得られるかなと感じさせることです。そして内容がわかればうなずく人がいる会場になり、逆に結局何が言いたいのかわからなければ居眠りする人が多い会場になります。したがって、「わかりやすい」こと。これがプレゼンテーションの第一です。大学でのわたしのゼミの指針は**「わかりやすく」**となっていて、徹底的にわかりやすさを鍛えます。

このように考えてくるとさらに楽になりませんか。大学の先生よろしく、難しいことを難しく言っている授業では寝る学生がでてくるのです。わたしも人のことは言えませんが。

「わかりやすい」これがポイントです。

だいぶほぐれてきたと思います。「わぁー、人前で話なんてとても無理」と思っていた人は、「できるかも」と壁を低くして壁の向こう側をのぞける程度になれば、まずはこれでウォーミングアップは完了です。

学習としてのプレゼンテーション

最後に教育としてどのような用い方ができるのかについて述べます。

わたしのゼミはプレゼンテーション技法の修得が目標ではありません。アクション、シンキング、チームワークという、経済産業省が提唱する社会人基礎力を実践的に身に付けさせるために教育を行っています。

課題解決型学習を進める1つのプロセスに、プレゼンテーションやスピーチがあるだけで、あくまでも自分たちの課題について説明するための道具にすぎません。しかし、この道具は進捗を観ていろいろ感じることができます。刻々と変わる自分がみえるのです。ですから動機付けに効果的です。また分担して全員が参加し、傍観者を0にすることで、共同学習にも適応できます。

この傍観者0とは全員が何かに関わっていることを指します。つまり、誰もが1つのパーツになっているということです。

以前書いた本の中で同じ表現を用いたら、パーツに例えるなんてと反論をいただきました。でもパーツです。精度の高いパーツです。1つでも欠け、調子が悪くなると動かないような仕組みになっています。さらにこのパーツが、例えばエンジンの担当が4人、ボディー担当が3人というようにグループになっているので、グループ学習につながります。

課題解決型学習は能動的に、そして主体性が求められるので、アクション、シンキングを体験学習できます。これは能動的学習アクティブ・ラーニングとして捉えることができます。

プレゼンテーションへのウォーミングアップはいかがでしたか。行う前は頭が固くなっていたのではないでしょうか。

先生たちからは「これは教育と言えるのか」、社会人からは「プレゼンね、そんな簡単にできれば苦労はしないよ」と、まぁいろいろな反応があると思います。ただし、これからはじまることは**フィクションではない**ことを頭の隅において読んでください。

いよいよはじまり

本の中で案内役を務めさせていただきますゼミ長の真梨子です。よろしくお願いします。

この活動は2年生のときから長期に渡って、チームで難題を克服しながら高度なプレゼンテーション技法をマスターしていった女子学生の実話奮闘記です。

全部書くと10巻本以上にもなってしまいますので、プレゼンテーションの箇所に絞ってまとめてみました。

したがって、経緯の前後を説明するために、プレゼンテーションと何の関係があるのだろうかと思われるところが多々でてきます。一見脱線しているように思うかもしれませんが、重要なキーワードがほとんどですので飛ばさないで読んでください。

眠くならないよう皆で一生懸命書きました。最後まで一気に読んでいただけることを願って、それではスタートです。

プロローグ　問！・プレゼンテーションってなに？

1つ目のプレゼンテーション

歴代の先輩たちさえ超えることができなかった壁、起業。

年間数千万円のプロジェクトから、医学部生が企画する地域医療など、わたしたち文系の学生には目を見張るようなものばかりが企画された大学発ベンチャー・ビジネスコンテスト。これらライバルたちの企画にわたしたちが本当に立ち向かえるのか。一蹴されて終わりかもしれないが、出ると決めたからには頑張ろう。しかし、どう頑張ればいいのか。

ゼミには究極のカードがある。それは勇気ある撤退であり、痛みが大きくなる前にやめるという選択だった。わたしたちが2年生のときから学習してきたこのカードをいつどう使おうかと、正直迷いに迷った。しかし、夢が徐々に近づいてくると思いなおして再発進した。

そして第一の壁であった悲願の事業計画書をついに通過させることができた。

この中でわたしたちが1つだけ確信していたことがあった。それは鍛えてきたプレゼン活動。班をいくつかに分けてゼミ長を中心に組織的に行われている**プレゼンテー**

ションへの**自信**だった。二次審査はプレゼンテーションがモノを言う。この機会さえ得られれば、弱みをチャンスに変えることができる。わたしたちは理論的な証明には自信があった。

そして本当にわたしたちのプレゼンテーション力が試されるときがきた。

理工系は製品ベンチャーでくる。しかもすでに実用化されているケースさえある。だから**勝負はプレゼンテーション力**。審査委員をいかに説得できるかにかかっている。このプレゼンテーションで差をつけなければ、わたしたちに次はないのだ。

二次審査プレゼンテーション、ついにわたしたちの番がきた。さあ行こうか。4人でもう一度手を握りしめ、ステージへ向かった。

2つ目のプレゼンテーション

わくわくどきどき、先生には「絶対だいじょうぶです」と強気な発言はしたものの自信があるわけではなかった。そう言わないと自分がくじけてしまいそうでとても怖かった。

社会人基礎力育成グランプリ２０１５九州沖縄地区予選会。１年ぶりにわたしたちはこの場に帰ってきた。

運営しているのは後輩２年生。後輩たちは準備を入念に行い実によくやってくれた。何とかいい成果をだし、わたしたちが先輩に憧れその影を必死に追ってきたように後輩たちもあとに続いてほしい。

今回は本当にオールゼミで挑んでいる。やりきった綾乃はすでに泣いている。みんなで頑張った。だから涙があふれた。

全国への切符は１枚。社会人基礎力育成グランプリ２０１５九州沖縄地区予選会、結果は……。

挑戦がはじまる

わたしたちは２０１１年に先輩が社会人基礎力育成グランプリ２０１２で日本一になる光景を目の当たりにした。そのときの衝撃は凄まじかった。

授業では４年生の先輩わずか６人に対して２年総がかりで行ったディベートでボロ

ボロにされた。チームワーク、論理的思考力、**プレゼンテーション力**、とにかくもの凄いとしか言葉がみつからない。そしてすぐ上の先輩たちも続いた。評価されて当たり前のような雰囲気の中、予選会を勝ち抜き全国大会に2年連続出場。もちろん女子大史上初。

研究室にはこれら歴代先輩たちの偉業の足跡がいくつもある。観光地図で文部科学大臣賞、地域研究に対する賞状。

それらはわたしたちに衝撃をもたらさずにはおかなかった。心は先輩たちに対する憧れを超え全てとなっていた。

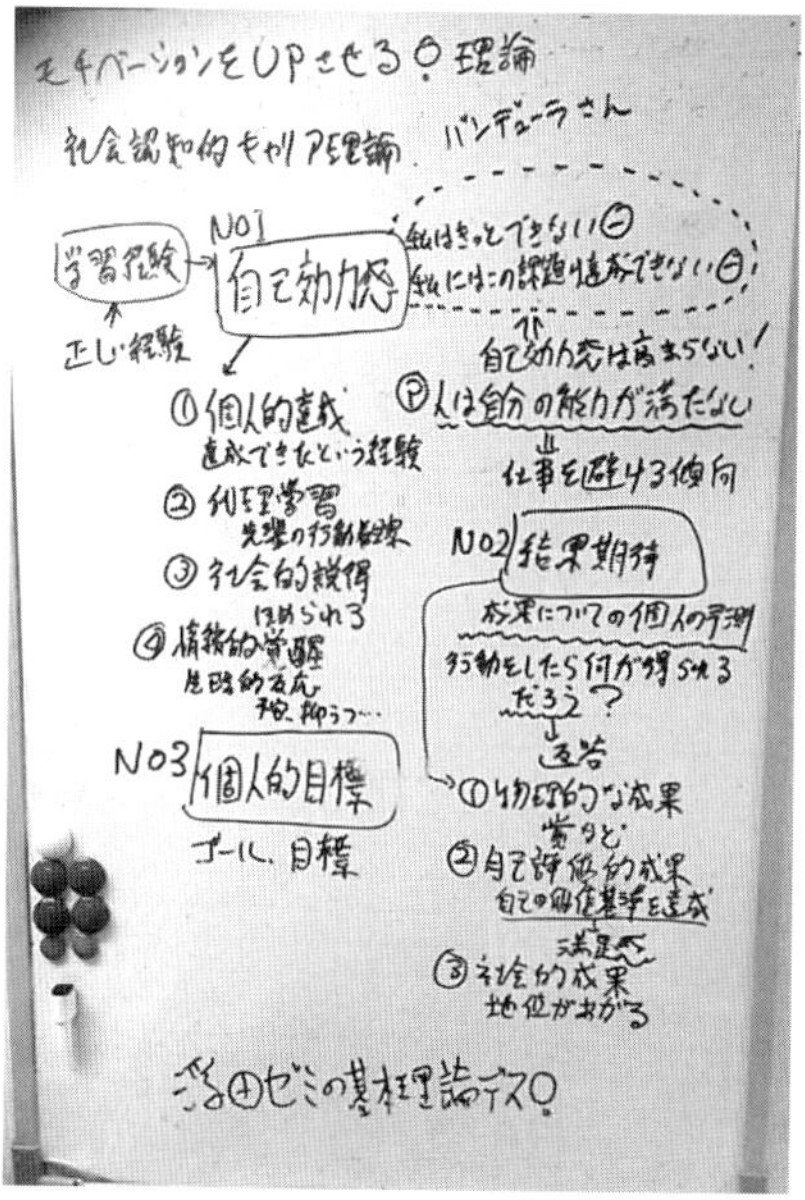

社会認知的キャリア理論
(Social Cognitive Career Theory, SCCT)
SCCTはクランボルツの学習理論とも類似するが、A.バンデューラの社会的認知理論から最も影響を受け、バンデューラが提唱した三者相互作用の考え方を基盤としている。

そして待望の2013年、ついにわたしたちの番がきた。先輩たちができたんだから、わたしたちにもできるという雰囲気というか、このゼミに所属している特有の誇りのようなものがわたしたちをつつみこんでいた。研究室のホワイトボードに先生が書き込んだフローチャート化した社会認知的キャリア理論も微笑んだ。

やるぞ……オゥ！

問題発生

莉　子「エッ、先生がいなくなる？　辞めるの？」

美津紀「ほかの大学に行くんじゃない？」

好　未「会社やるのかな、ありえるかもね」

莉　子「わたしたちを見捨てて？　うそだ？」

先生がいなくなるという話は根拠がある事実だった。1年間、国の機関に行くということがわかった。しょうがない。しかし宿題のA市との連携事業はやめられない。ゼミはバラバラだし、どうやってこれからやっていけばいいのだろうか。

A市との連携事業はどうすればいいのか、わかるはずがない。このゼミは普段でも大変なのに、指導教員がいない中で連携事業なんて続けられるわけがない。上がらないメンバーのモチベーション、見えないゴール……。

わたしはいったい何をやっていけばいいのだろうか。みんなの気持ちがバラバラになりそうで怖い。しっかりしなければと一生懸命自分を元気づけている自分がそこにいた。

そのときの気持ちを書けばきりがないので、簡潔にすると「不安」という2文字だった。こういう場合、あともう1つは厄介な気持ち「不満」がでてくる。でもみんなが爆発することはなかったし、それなりに受け入れていた。ここがすごいというか、みんなの強さを感じた。

このとき、このメンバーであればわたしでもまとめていけるかもと心強く感じた。

先生との連絡は滞らないようにメールで報告書を送り続けた。「A市から参加要請がきています。参加するべきでしょうか」と相談もした。先生からの返事は意外と早い。「可能なら引き受けてください。細かな手続きはわたしからA市の担当者に伝えておきます」

大まかなことを指示しているが、**決めるのはわたしたち**で、これがゼミのルールだった。こんなことを繰り返しながら1週間に1回、架空のゼミを行った。

プレゼンテーションのトレーニングは日々の積み重ね

そこに、ある会合で活動内容を発表してほしいと大学側から依頼がきた。それは保護者などが集まる会合で、A市との連携事業について10分程度で発表してほしいという内容だった。大学の意図はなんとなくすぐに理解できた。できたから怖かった。それは先輩たちが過去に行っていたことだから。

先輩の発表は完璧の上に超がつくほど**聴衆を魅了した**。先生が感心して先輩たちの発表をわたしたちに話したことを覚えている。それは高校の先生たちが集まる大きな会合で、先輩2人が発表した際、会場が静まりかえり、質問がまったくでなかったという。わたしはこの意味がよく理解できる。

先輩たちのプレゼンテーションは聴衆の心に響く。大げさと思うかもしれないが涙がでるときさえある。だから会場が静かになり質問がない。

その発表が良かったので今回もということだろう。しかし、わたしたちはプレゼンテーションに関して指導は受けていなかった。2年生の前半にはディベートや課題発表が多く組まれていたため人前で話すことは苦ではなかったが、効果的に話す技術は習っていなかった。A市の観光地図作成という連携事業があったため比重がそちらにおかれたからだ。

困って先生にメールで指示を仰ぐと、なんと「引き受けましょう」という返事が返ってきた。メールの最後は、「**できますよ**」で終わっていた。

なんのトレーニングも受けていないわたしたちにできるわけがない。先輩と比較されボロボロになるだけ、とどうしても肯定的になれなかった。
なんで先生はわたしたちの状況を1番わかっているはずなのに、簡単に引き受けようと言ったのかわからない。

美津紀「そうね、先生は考えが深いからなにかわけがあるんじゃない」
わけね～……。たとえわけがあったとしても離れているので、それが何かの期待もできない。そうだ。例えばわたしが先生だったらどうするかなと突然妙なことがひらめいた。
真梨子「美津紀、わたしが先生だったらどうすると思う?」
美津紀「エッ、真梨子が先生の立場だったらということ?」
真梨子「立場というか、先生だったらどうするかな」
美津紀「ううん……。先生変わっているところがあるから難しいけど、同じこと言うような気がする。あれ、おかしいね」
真梨子「おかしいよ、それ。わたしはみんなのことや現状を考えて、まずみんなでよく話し合いなさいとか言うよ」

おいしそうにお弁当を食べていた雅美が口を開いた。

雅　美「美津紀はなんで真梨子様が先生と同じこと言うと思ったの？」

美津紀「うまく言えないけど、スピーチやプレゼンテーションを上手にするには練習しかないっていうことはよくわかるの。その練習方法と先生が言っていたことがなんとなく今回の件と関係しているように思うの」

雅　美「なるほどね。緊張か」

真梨子「緊張……？」

雅　美「ある程度緊張感が伴ったほうがいい練習になるし、様々なケースに慣れるっていうことだとわたしは理解しているよ。気付きもあるんじゃないかな。

そうかも知れないよ、真梨子様。フォーマルとインフォーマルとか先生よくわからないこと言ってたよね」

莉子がスーツのことですかって言って笑いをとっていたことね。

フォーマルな場、そう考えるとなんとなくいい体験になるかもしれない。

わたしたちの意思決定1

返事をする日程が近づいてきたので、ミーティングでメンバーに意見を聞いてみた。

莉　子「手分けしてやってみよう。できると思うよ」

雅　美「でもまだうまくできないはず。それを踏まえて行うのがいいよ」

由　貴「やるのはいいと思うけど、うまくいかなかった場合どうなるかな」

確かにそうだ。ダメ出しがでれば先輩たちが作りあげてきた信用に傷がつく。そしてわたし自身のダメージも怖い。でもうまくできないのが当たり前だし、先輩を意識しないでやってみよう。わたしたちなりに行えば何かつかめるかもしれないから、結局実行してみようということになった。何をしてきたかの話をするくらいはできるはず。しかし、やはり不安もある。

美津紀「まず先輩の発表動画を見てみようよ。何かわかるかも。わからないところは

４年生に聞いて、やれることは自分たちでやってみようよ」
雅　美「できるはず。応援するし手分けしてやってみようよ」

手分けして？　そうか、わたしたちも先輩たちのようになるんだ。目標はまだ鮮明ではないが、頭の中を駆け抜けたような気がした。

予感　わたしたちにもプレゼンテーションはできる

まず発表者はだれが行うのか悩んだ結果、先生にメールをしてみた。ある程度予想していた回答が返ってきた。最後に「皆さんと同じだと思いますが」と書かれている。厄介先生の話の内容やメールは他の意味があるのかなと考えさせられるので厄介だ。厄介だけど頼りになる。わたしの案と先生の考えが同じであることに安心した。そしてまず智納勢に事情を話してみた。

智納勢「エーッ！　わたしできるかな。ステージで回転することはできるけど」

真梨子「いやいやそれはしなくていいの。それはダンス部でやって」

それと先生の指名であることをうまく利用した。

智納勢「先生がねー。いいよ、やってみようか」

まずは一安心。あとは美津紀にPC操作を依頼すれば完了。美津紀は「いいよ。わたしでよければ」と言ってくれるはず。早速美津紀へ。

美津紀「いいよ。わたしでよければ」

本当に想像していた通りの答えに、思わずくすっと笑ってしまった。

美津紀「そんなに喜んでくれてありがとう」

これぞ美津紀がマリアと呼ばれるゆえん。心が癒やされる総務担当兼副ゼミ長である。

発表者はわたしと智納勢、PC操作は美津紀、あとは手分けして先輩たちが行っていたことをまずは**真似てみよう**。

とりあえず、原稿作成とパワーポイントのスライドを発表者が作成する必要があって、手分けしようと思ったけれど、結局自分で作ったほうが早いし、自分の文章のほうが読みやすいということを考えて全部自分で作った。

いざ作業をしているといくつかの疑問が生まれた。先輩たちはなぜ発表者と原稿作成を分けて行ったんだろうか。なんか面倒だし、やりにくい。

それと最大の疑問点はなんで先輩たちのプレゼンテーションは**聴いていて感動するんだろうか**。何が違うのかわからずに当日を迎えた。

ある程度練習はしたし、メンバーにもみてもらった。でも何か不安。

智納勢が、がんばろうと声をかけてきた。智納勢はダンス部で人前に立つことは慣れているからいいねと美津紀が言った。その言葉に、

智納勢「そうなのよね。正直踊っているときは緊張しないの。でもいまはすごく緊張している。ほら手汗いっぱいでしょう」

美津紀「わ〜ほんと、すごい汗ね」

智納勢「たぶん自信がない汗かな」

わたしは2人の話を聞いていた。その通り、練習も十分とは言えないし、中途半端

で納得がいかない状態で、自信が持てないことからの不安と緊張なのだ。たが、このような場で話すなら先輩のように話したいという願いもある。しかしいまはできない、そんなことを考えていたら何故か悲しさがこみ上げてきた。

発表は無事終わった。今回A市との事業に関する発表だったので説得をするというプレゼンテーションではなかったこともあって、良かったのかどうなのか評価はなかった。

これが大会のステージだと考えると、答えはおそらくNGだろうなと思った。役割分担もできていなかったし、ただの報告のような話で聴衆からの反応もなかった。チームでの運営はできていなかったし、チームなんて名ばかりのような気がした。

智納勢の発表途中でもマイクが入らなくなるハプニングは起こるし、Wチェックにも問題があった。発表も全然なってない気がした。それでも美津紀は、ぜんぜんダメだったなんてことないよと励ましてくれ、美津紀のマリアに癒された。

智納勢もありがとうと言いつつも元気はなく、でもそう言われてもね、と言った。

収穫とはとても言えないが、このときいろいろなことを感じた。横で待機していたとき、成果物として配布した地図を多くの人が見ていた。しかし、わたしたちを見ることはなかった。資料の配り方にひと工夫が必要な気がした。それと来場している人はいったい何を聴きたかったんだろうか、それがよくわからなかったので、自分たちが話したいことだけ、一生懸命話してしまったことがなぜか引っかかった。

やはり言葉で伝えることができなかったことはまぎれもない事実であり、心に響かないから資料にしか目が行かなかったのだろうな。

うなずく人もいなかったし、心に響く伝え方っていったい何だろうなどと、いろいろ考えているとまた悲しくなってきて、泣くな真梨子と自分に言い聞かせた。

1　わたしたちはプレゼンテーションを勉強する

プレゼンテーションを勉強する

先生がいないゼミをなんとか運営し1年が経過したころ、ようやく先生が戻り、わたしたちの学生生活最後の挑戦がはじまった。目標は壮大で、社会人基礎力日本一奪還と、ベンチャー・ビジネスコンテストで事業計画を通過させること。1つの課題でも大変なのに2つも課題ができるのか、ましてや就活をやりながら。

特に、ベンチャー・ビジネスコンテストは歴代の先輩たちでさえ超えることができなかった文系女子大生にとって難関中の難関。無形な商品を扱うわたしたちの起業で数千万単位の製品開発を起業する医理工系にどうやって対抗するのか、策らしい策はなかった。

分散より1つに集中しようという意見もあった。しかし先輩たちも2つのテーマを実行したのだからわたしたちも、という根拠にならない根拠に、勢いで流れて行った。これで本当によかったのかとわたしは悩んだ。先生に意見を求めようとも考えたが、なぜかこの方針決定のときに先生が楽しそうだったのが妙に印象に残った。そして、先生はゼミの最後に「いいですね、いい決定だと思いますよ」と言った。

これを聞いて、本当にわたしたちが対応できるのか、考えて言っているのだろうかとも思ったが、こういうときの先生は何か策がある。

ここはここまで苦労してきたゼミ長の勘。この勘にかけようと思った。


さて、自分たちで設定したにも関わらずやはり不安に苛まれているとき、そんな心配をよそに先生から**目的と目標**を設定してくださいと指示が入った。

目標は成果を設定したのですぐに決まった。もめたのは目的。副ゼミ長の莉子の憧れられるような女性ではどう、という提案に対して、由貴から「憧れられる、は悪くはないけど、それってあえて目的に掲げるものなの」と異論が出た。祐理子も「うまく言えないけどそんな感じかな」と言った。

意見が割れた。こうなると難しい、なんとか収拾しなければ……。

なんとかしてほしい、先生はあいかわらず楽しそうに観戦中。

こんなとき頼りになるのが雅美で、考えをビシッと言うので雅美の意見で方向性が定まることも多い。でも使い方を間違えると敵にもなりかねない。しかしその雅美に好未も加わり「憧れる」と「女性」をキーワードに考えていいんじゃないとの発言が入った。

好未は口数が少ない、スカート姿が似合うレディー。趣味はゲームでPCにも詳しくゼミ内のエンジニア。

ゼミ内でまったく異なるタイプの少し変わった考えの持ち主の2人の発言で大凡の目的が無事決まった。先生が「これで目的と目標が決まりましたね。あとは必要な役割を決めていきましょう。皆さんはプレゼンテーション技法とファシリテーション技法に関する基本的なことは学んでいるので、その精度をこれから高めればある程度のところまでは到達しますよ」と言った。

エーッ！　そんなの学んでいませんよと思ったが、また何か裏がありそうなのであらためて伺うことにした。

……と思っていたところに雅美がいつものようにつっかかった。雅美のつっかかりは角度が違う。なるほどそういう見方もあるのかと考えさせられることも多い。

雅　美「先生、先輩方のようにプレゼンテーションについてわたしたちまだ勉強していませんが……」

莉　子「わたしも習った記憶がないような……気がします……が」

先生の目が「きたな」と言わんばかりにキラッと光った。

先生の回答はこうだった。

先　生「2年生のときに行いましたよ、忘れましたか」

雅　美「2年のとき……エーと、なんのことやら」

聡　美「2年のときなにやったっけ。やったのはA市の観光地図の作成でしょう。デイベートで4年生の先輩にボロボロにされたのは覚えていますが……」

由希子「△ワークもやったね。それに物語ワークは結構盛り上がったよね。そして発表ばっかりしたよね。結構辛かった」

聡　美「辛かったに気持ちが入っているね」

由希子「そうかなぁ」

ディベートです。左が4年、右が３年です。４年の勝ち。
４年生を崩していくのは相当な準備が必要です。

先生のいつものなぞなぞの答えは以下のようであった。つまり様々な形で発表する機会があった。そのときに基礎は習得している、と。

よって全員ある程度の発表はできるということであった。確かに発表のときにいつも**大きな声で元気よく**と言われた。これは発声のことだったのだ。

ディベートのときに習った**ナンバリング**では抑揚をつけ、絞って的確に伝えることや引用、主張、根拠、念押しという**4拍子**も学んだ。ふりかえると、わたしたちは気が付かなかったが、確実に効果的に伝える基礎を学んでいたのだ。
先輩のようになるんだという気持ちはますます高まってきた。

3年の春休み

わたしたちの目標はコンテストでグランプリを取ること。だから予選会をまず勝ち抜かなければならない。ここで大きな決断をした。

わたしたちの意思決定2

2014年は出場しない。これは自分たちで決断した。先生不在の1年間懸命に架空のゼミを続けてきた。しかしまだまだ習うことは多く残っていた。そこで最後の4年にかけようということに決まった。

いま改めてふりかえるとこの決断がいい結果をもたらした。これが**意思決定**の重要さであり、成否の分かれ道なんだなという考えに至った。

先生が戻ってこられたとき、出場しないことを告げた。すると「実に良い判断です、いいですね」と。

今日は珍しくいいいねの連発、先生なぜか上機嫌だった。

なんで？　ほめられているようだが何がいいのかわからないし、出場しないんだから喜べない。

そんなことでもじもじしていると、先生のなぞなぞが飛んできた。

先　生「それでは暇になりますね」

暇⁉　暇ってなに、隣にいる莉子の顔を見ると、スマホで暇の意味を探そうとしてる。

暇＝用がないこと。用はあるし就活だってあるし、暇になんかなるわけない。

しかし先生の発言にはいつも裏がある。また何かあるなと思ったら、大当たり。

先　生「それでは予選会の運営を行いましょう」

エーッ！　運営ってなに⁉

プレゼンテーションを観て学ぶ

わたしたちはわたしたちなりに答えを用意していた。これがゼミのルールだからである。

答えは4年生の先輩が卒業する前に要点を聞き、**課題設定**に向けて準備する、であった。1月から取り組めば4月に即対応できるというスケジュールも用意した。それが雲散霧消、先生はときに容赦なく別案をだしてくる。それもわたしたちが考える想定外の箇所からである。だから先生なのかも知れないが……。

計画は粉砕されこなごなになるばかりでなく、頭の中もこなごな。しかしここはリーダーとしてはっきりさせなければならない。

真梨子「先生もう少し細かいことを伺っていいですか」

細かいこと。

これはお馴染みのパターンだ。わかっていると思うが、というサインである。もちろんわかっていますという前提で話を進める。

真梨子「運営とは事務局を行うということでしょうか。前回まで確か新聞社さんが行っていたと思いますが」

先　生「その通りです」

真梨子「何のノウハウもないわたしたちが運営できるのでしょうか。できれば課題の準備に集中したいと思います」

莉　子「わたしも先生がよく言われる分散ではなく集中がいま必要だと思います」

莉子はすごいことを言ってくれた。今年のコンテストはいつもと異なり、最大のスポンサーで事務局であった新聞社が協賛しないことで一旦中止となったが、国と教員の有志が集い学生の意思を反映し継続となって、運営は各地区で行うこととなっていた。

先生に意見を言うのは緊張するけれど結構いい感じ。

莉子もめずらしく応援に入ったし、たまには先生を粉砕できるかもとまさに戦闘モード。歴代のゼミ長も結構先生を粉砕してきたと聞いてはいた。しかし今回は「それでは君たちの考えでいきましょう、了解です」とはとてもいきそうもない。
先　生「ホー分散と集中ですか、いいですね。それでは課題設定とコンテストの分析に集中しましょう」

よかった。なんとかわかってくれたみたい。伝える力、成功。ところが、
先　生「細かいところはわたしが書類にします。近々運営方法について説明しますのでミーティングを設定してください。本当にいい機会ですよ。この機会はどんな学びよりチームの力となりますし、冷静に各校の発表を**観察**できるので生きたデータが入手できます。考えるよりまずは観てみることです」
莉　子「先生わたしたちの要望を何もわかってないよね」
真梨子「でも実際すべて観れて、しかも事務局という異なる視点から観ることはなんかうまくいえないけど、わたしわくわくする」
莉　子「エーそうなの？」
先　生「それでは会議があるので。きみたちはできるので楽しみだね、それでは」

先生が退出されたあと研究室に残って話し合った。

真梨子「**観るってことは視覚のこと**だよね」

莉　子「そう真シカクね（おやじギャグ）」

真梨子「そういえば発表のとき視覚効果を考えなさいとよく言われたよね。事務局として各校を観る。うーん、なんかいいかも。わたしたちの課題は理工系みたいに製品開発などモノの開発はできないよね。モノじゃない無形のモノに課題はなる」

莉　子「どちらもモノだよ」

真梨子「もう少しだまっててヨ！　触れないし見せることができない。だから説得するとき難しいって先生が授業で言ってたよね」

莉　子「わたし寝てたし覚えてない」

真梨子「そうか！　だから視覚なんだよ。形に無いモノを実在するように伝えることが大切なんじゃない。だから先輩たちはプレゼンテーションに力を入れてきたんじゃない。先生はそれを**観て体験**しなさいと言っているんだ。そうか、事務局いいね。」

莉　子「エーッ、そうくる？」

プレゼンテーションと視覚

わたしたちは先生の一流のなぞなぞにはまり、ついに事務局運営を行うことになった。

そうするうちに、予選会当日がきた。準備に相当の時間を割いてきた。ぬかりはない。

司会は智納勢。準備万端、適任だ。智納勢は話が上手だなと思っていた。正直発声はよくないと感じるが、たぶんトレーニングで治ると思う。そして姿勢がとても美しい。ダンスと関係あるのかな。

美しい姿勢は聴衆から支持を得ると先生が言っていたが本当にそう思う。わたしも真似てみよう。いつもの起立・礼も意識してやるといいかもしれない。

わたしは統括なので全体の進行を漏れがないか確認をする。

祐理子「タイムキーパースタンバイＯＫです」

タイムキーパーはコンテストではとても重要。公平性をきすためにも、発表時間の確保は厳重に管理しなければならない。だから会場担当のボス雅美と祐理子、智納勢の３人体制で計測する。

由　貴「記録スタンバイＯＫ」

好未はゼミ唯一のエンジニア的能力を持つので、各校のデータチェックを担当、奈緒美は受付で、ほぼ準備完了。

先生準備できましたと報告すると、「そうですか、それではわたしたちも最高の運営を見せましょう」と。最高の運営か、緊張するが気合が入ってきた。

好未が作った力作ＰＲ動画が流れる。会場からオーッという声があがる。やはり視覚効果はすごいな。しかし好未はさすが。いよいよ予選会スタート。

プレゼンテーションに気付ける自分たちがいた

出場チームとして観るより冷静に観ることができている自分に気付く。

- 緊張しているんだろうな、はっきり聞こえないな、もっと**大きく口を開けて**。
- レクチャー台の後ろに隠れてもったいないな、いい発表なのに。
- 最初の挨拶、**第一印象**は大切なのに、しっかり立って、ふらふら動かない。原稿ばかり見ないで、顔をあげて、**聴衆を見て**、そしてもっと視線を変えて。
- あがっているな、**準備不足**かな。
- もっとジェスチャーを入れて、審査委員に訴えないと。
- スライドの**文字が多くて読めない**な。なんかごちゃごちゃ。
- この発表はいいな、**自分の言葉で話している**し、原稿を持っていない。すごい。
- すごい研究なのに**早口**、もったいない。
- 言いたいことだけ言っているな、プレゼンテーションは**説得**だよ、**聴衆の気持ちに**。
- スライドにその色を使ってはダメ、**文字が見えない**よ。
- すごく大きなイベントを成功させたのか。しかし**何が言いたいのかな**。

● このプレゼンテーションいいな、**わかりやすいな**、なんでわかりやすいんだろ？

あれ、わたし何でこんなにいろいろわかっているのかな？

プレゼンテーションの先生みたい。なんで、あれ、なんで……

そうだ！　参考にしようと何度も何度も繰り返し先輩たちが発表している動画をみたんだ、と思い出した。

そうか、あの映像と無意識に比較していたんだ。そう考えると先輩たちは完璧なプレゼンテーションであった。夜遅くまで練習していたしね。先生も参加して全員でやっていたな、と思う。


事務局の統括を行いながらいろいろ考えていたので時間はあっというまに過ぎ、予選会発表は無事終了。大きな問題もなく、ホッとした。発表時間切れで智納勢がビシッと切ったのが印象的であった。よくあそこ切ったね。

智納勢「かわいそうだったけど規則だからね。でも恨めしそうにわたしのこと見てたの。ちょっとかわいそう」

先生もあそこはよく切ったね、と一言。でも時間内で発表するのは当然だが、なかなか難しいことだなと改めて思った。

祐理子「どこが優秀賞、全国出場かな」

由　貴「う～ん」

由希子「○○じゃないかな」

好　未「□□も悪くなかったと思う」

わたしは雅美に意見を聞いてみた。すると、

雅　美「あまり心に残らなかったかな。よく覚えてないし。へへへ」

そうなんだ。

雅　美「先輩の発表はいまだによく覚えているよ。何が違うのかな?」

雅美の話に美津紀も加わってきた。

美津紀「流れじゃないかな」

流れね。それを聞いていた先生が一言、

先　生「ストーリーだよ」

ストーリー？　物語のことですか、と聞こうかと思ったら、他の先生と会話に入ってしまった。

真梨子「いまストーリーって先生言ったよね」

美津紀「言った、言った、間違いないよ」

真梨子「物語ってこと？」

雅　美「なんだかわたしわかるような気がする。いまはうまく言えないけど、おそらく先輩たちの中にあって今日の発表の中には少なかった点があるということじゃない」

わたしが先ほどからひっかかっていたことも、おそらく雅美が言っていることと同じような気がしてきた。雅美の視点はいつも角度が違ってわたしたちに気付きを与えてくれる。さすが頼れるマーケ班のリーダーだ。

ストーリーと先輩たちにあった何か、それってなんだろう。そんな会話をしているうちに結果発表になった。スタンバイOK。

さて今年の全国はどこが勝ち取るのか緊張してきた。審査委員長がステージへ。今年の優秀賞は△△大学です、と発表された。

先輩たちが勝ち取ってきた全国の切符とタスキ。

今年は途絶えたけど絶対このチームで全国へ行きたい。

そう思うと、泣きそうになった。

メンバーからのとっておきの話 「下見」

由　貴「会場になった○○大学に下見に行ったよね。正直、遠いし最初面倒くさいと思った。でも下見したことで安心したよね」

聡　美「そうね、みんなでゾロゾロ行ったね」

奈緒美「実際駅から歩いてみると、ネットの地図ではわからないことが結構あった」

聡　美「駅で案内版持って立っていたとき、寒かったから寂しくなったよ」

由　貴「なにそれ寂しいなんて」

聡　美「実際立ってみないとわたしの気持ちわかんないよ」

一　同「ふうん～」

莉　子「でも会場を見て安心したのは確かよね。だから実際の会場はできるだけ事前に見れるようであれば見ておくことが必要よね」
美津紀「そうだよね」
好　未「機器の環境は会場でかなり違うと思う。また大学の機器と一般の会場や会議室ではまた違うんじゃないかな。機械は過信してはいけないし、Wチェックよね」
雅　美「さすが好未だね」

メンバーからのとっておきの話（好未）

動画は視覚・聴覚に訴えるのに非常に効果的です。わたしはこの活動を通して動画作りにおける3つの大切なことを学びました。

①想像力↓動画の流れを構築する。ノートに絵コンテを書いたりなど
②計画力↓必ず期日までに完成させる
③気　力↓とにかく根性でやりきる
それと、動画に使う写真や映像等の素材をたくさん集めておく。

言ってしまえば動画作りは時間と労力を使う非常に面倒なものです。しかし完成した動画を流した時の聴衆や仲間の嬉しそうな顔を見ると作ってよかったと思えるモノだと思います。
また、動画を作る際にはＰＣやその他周辺機器の操作も併せて覚えておくといいですね。

プレゼンテーションとストーリー

話を3年の春休みまで巻き戻します。

大学は長い春休み。でも、わたしたちは就活。

それにわたしたちには明確な目的と目標があった。それに向けて**チーム一丸**となって進む体制を強化しなければならない。わたしの責任は重大。できるかな、ひとりじゃないし、だいじょうぶと自分に言い聞かせた。

わたしたちは、春休みを使って各校の発表を分析してみた。するといくつかのことがわかってきた。

いちばん謎だった**ストーリー**についてなんとなくわかってきた。

それは記憶に残るか残らないかであり、なんで記憶に残るプレゼンテーションとそうではないプレゼンテーションがあるのか、それは暗記と理解にあった。

先輩たちの映像をよく見ていると数字やグラフなどが単純化されていて、それが**わ**

かりやすく次の内容とつながっている。

高校の歴史は年号などを暗記するところが多く、面白く感じたことはなかった。だから覚えていないのと似ている。無理に暗記させても短時間で記憶は消えていく。しかしこれをストーリーとしてつなぎ合わせ興味を持たせることで理解が進み記憶に残るという仕組みなのかなと、ここまで到達した。上出来だ。

卒業式で先生が戻ってきた。わ〜、先生真っ黒。ハワイでも行っていたのかな?

まさかわたしたちを放っておいて。

真梨子「先生、こんにちは。お疲れ様です。ところでハワイでも行っていたのですか?」

先　生「いやいや、グアム。これお土産。調査で2ヶ月グアム近辺にいたので」

エ、マジ……。なぜお土産が熊?　意味不明。

真梨子「先生、ストーリーの意味がわかりました。それではシステム手帳を例にして説明します。いいですか」

真梨子「それではストーリーになっていない場合。

『バイブルサイズのシステム手帳。カバーは本革を使用。多くの種類のリフィル』

そしてこれをストーリーにしてみると、

『このバイブルサイズのシステム手帳は多くの情報を書き込むことができます。しかも書き込んだ内容が見やすいことも大きな利点です。カバーは本革製なので耐久性にも優れ、ステイタスを感じさせます。また、多くの種類のリフィルがあるので様々なビジネスシーンで対応が可能です』

いかがですか?」

先　生「その通り、いいですね。よくここまでできましたね。社会人でも説明するのになかなか苦労する点です」

ワーッ、ほめられた。

先　生「ところで、みんなはすでに企業説明会に行っているでしょう。会場ではいろんな会社のブースが並んでいますね。説明を聞いていてとても印象に残る説明と、一方で全然残らない会社もあると思います。これも同じことです。聴衆のことを考えて説明をしているか、または自分の会社の言いたいことを中心にしているかで記憶に残るか決まってきます。

ただし、最近は派手なパフォーマンスを取り入れた説明をしているところがあり、きみたちにはお堅い説明より面白いと感じて、入社に至るケースがあります。これはその会社の本質を見極めていないので気を付けておかなければなりません。いずれにしてもいいプレゼンテーションは人の心を操作できるということです」

確かにその通りだった。初めて聞く名前の会社でも説明で共感した場合、うなずきながらノートはメモでいっぱい。

一方、専門用語ばかりが並び全然意味不明なところや、やたら会社の情報が膨大なところも頭に入らない、結果眠くなる。うとうとを懸命にこらえるがあくびがでる。

真梨子「よくわかりました。ありがとうございます」

先　生「それがビジュアル・ストーリーだよ」

エッ⁉　**ビジュアル・ストーリー**って言うんだ。考え方がまちがっていないことがわかったのでホッとしたのに加えて大発見をした感じ。

課題とプレゼンテーション

真梨子「先生、そろそろ例の課題について学校側と話を詰めないといけないと思います」
先　生「そうだね、わたしが会議の場を設けるので、そこで直に確かめることにしましょう」

わたしたちには先輩方から引き継いだ大きな課題があった。それは大学の施設改善という壮大なテーマで、それが4年次の研究課題となっていた。

その会議が行われることになった。

はじめて入る会議室、こんなところで先生たちは会議を行っているんだ。座るだけで偉くなったような気がする椅子、眠くなりそうで、遠くて話しづらそうなドーナツみたいなテーブルは効率的ではないように感じた。

3年がかりのこの課題、卒業した先輩のためにもなんとか良い方向へ進ませなければばならない。

チーム戦闘モード

先生が用意した紙の資料は要点だけが書かれている1枚だけ。

紙の資料は内容を正確に伝える力があるが、それを人が説明すると、同じことを言っていても異なる印象を与える不安定感があると先生が議事録作成のときに話していた。紙の資料の効果も頭に入れておく必要がある。

先生の説明がはじまる。先生の授業はよく脱線してあちこちになるので、正直よくわからないことが多い。しかし今日は違う。とても親切にそして気遣いながら話している様子がわたしたちにもわかる。

最初にこれから話す内容を説明する。次は実際に内容を説明する。最後に要点をふりかえる。

あれ、これってディベートで習った。

先　生「お手元の配布資料をご覧ください。要点は3点です。まず1点目は最大の問題点である混雑を改善するため……（略）。以上3点を取り入れることで現在かかえている問題を改善することが可能となります」

先生授業と違って上手だ。一つひとつ相手が理解しているかを観ながら話している。「いまのところいいですか。それでは次ですよ」という感じでゆっくり間をとっている。先生の専門分野に触れると、さすがに説得力がある。

先生の説明が終わった。

しかし最初から受け入れようとしていないのがわかる。

会議は終了。結果、わたしたちの計画は不採用。モチベーションは急落。

真梨子「先生の説明とてもわかりやすかったし、わたしたちにも十分理解できました。理解できないわけがないですよね」

先　生「わかっていてもそれを受け入れることができないことはあるものです。わたしたちにわからない事情があるのかもしれませんね」

先生は意外とさばさば。

わたしは納得できない……プンプン。ただいまモチベーション最低ライン。でも会

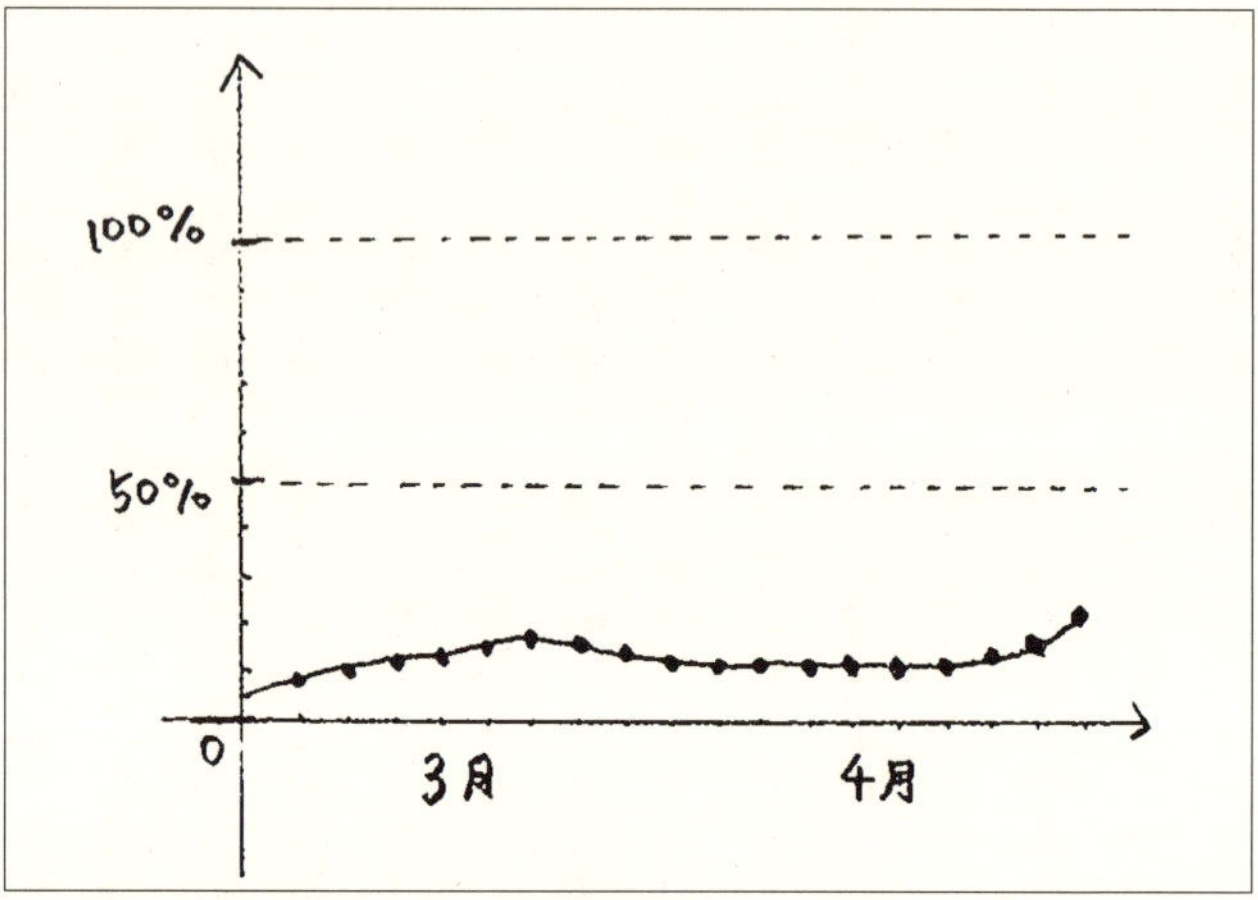

わたしたちのモチベーション管理表（3〜4月）

議での先生の発表は参考になった。このような場がわたしたちを実践的に鍛えていった。**話を4年の4月に戻します。**

人に伝える難しさを実践する

4月を迎えたがモチベーションは上がらなかった。

管理表がいつも底を這っていることでわかる。こんなときの見える化はつらい。モチベーションが上がらない大きな理由はいまだに課題が決まらないことにある。社会人基礎力の予選会に挑む重要な課題である。施設改善の課題があればといまだに悔やまれる。

わたしたちはゼミの活動として3年生のキャリア形成の授業をサポートすることになった。150名近い受講生と毎回多彩なゲストスピーカーを招いての授業である。この準備が大変だ。チンドン屋の社長さんから外交官まで12名を迎え、授業環境を整えるのがわたしたちの仕事で、なんとかなるぐらいに考えていたものの実際行ってみるとできないことが多い。

バイトではトレーでサービスをすることに慣れているが、きちんとお茶をだすことができない。お盆をトレーのように使っていたら事務の美香さんから、それだめよとダメ出し。習えば、へ～そうなのかとわかるが、案外見る機会もないしもちろん習ったこともない。

問題はさらに授業そのものであった。司会は綾乃と智納勢などが交互で行う。綾乃はとても笑顔がいいし第一印象は抜群である。少し緊張気味なところがあるけれど、トレーニングを重ねればかなりの戦力となりそうだ。しかし受講生の3年生は強敵であった。

彩乃がカバンなどは通路に置かない、授業中飲み物は机に置かないなど細かいことをきちんと指示しても聞かない。しかも遅刻、寝ている、と受講態度はいまいち。
これではわざわざお越しいただいた講師の先生に気の毒。
さてどうしたものか終了してから研究室に集まり対策会議。

綾　乃「態度わるいね」

奈　美「わたしたちもそうだったかな」

莉　子「わたし受講してなかったし」

そっちじゃなくて。

綾　乃「わたし話し方を変えてみようと思うんだけど。実はね、さっき先生が第一声で注目させる方法は何でもいい、ワッて大声で脅かす、黙ってステージに1分立ったまま、これからはじまるよと気付かせるようにって。そして話す速度はゆっくり、声のトーンを少し高めに、そしてカバンを通路に置くのはやめてくださいから、通路に置くと講師の先生が通れないので椅子の下に置いてくださいに変えてみては、というようなことを言われたの。それからあと1つ、笑顔をもっとと」

奈緒美「確かに、綾乃はＭＣしているときの顔怖いかも」

綾　乃「エ〜、ホント？　わたし、とにかくこの方法試してみようと思うの」
雅　美「いいと思うよ。綾乃はMC上手だよ。だけど、こっちが伝えたいことだけを強調しすぎて、なぜ置いてはいけないのかということが伝わらず、一方通行すぎたのかもしれないね」
聡　美「それと興味を持つようなことを加えるのもいいと思わない」
一　同「なに、それ」
聡　美「だって企業説明会やセミナー行ったとき、カバンは乱雑に置かれていないよね。気遣うじゃない」
雅　美「いいと思う。得になる情報っていうか自分に関係してくることであれば関心持つよね」
奈　美「たまにはいいこと言うね」
莉　子「ところで、先生が綾乃に言ったのね」
綾　乃「言ったというか、独り言みたいにブツブツとね」
一　同「ふうーん」

また出た。先生の一流の操作かな。まぁ、いいか試してみよう。

言葉の力はすごい

次の時間、マーケ班が観察シートを作成し、変化が見られるか調べることになった。結果少しではあるが改善が見られているような感じがする。最後列にいた先生が来て、今日はあまり出ていないねといって通路を指差した。あっほんとだ。いつも乱雑に置かれているカバンが出ていない。そういえば飲物を机の上に出している学生も少なくなっている。**言葉で説得することは難しいが、工夫することでできるんだ**。すごいな。

加えて、1ヶ月前はメチャメチャモチベーションが下がっていたけれど、いまは違う自分たちがいた。チームに力が戻ってきていた。就活は辛いけど、みんなで活動しているいまに少し楽しみを感じる自分がいた。

回を重ねるごとに変化が徐々に現れた。しかし、受講生から積極さは相変わらず見

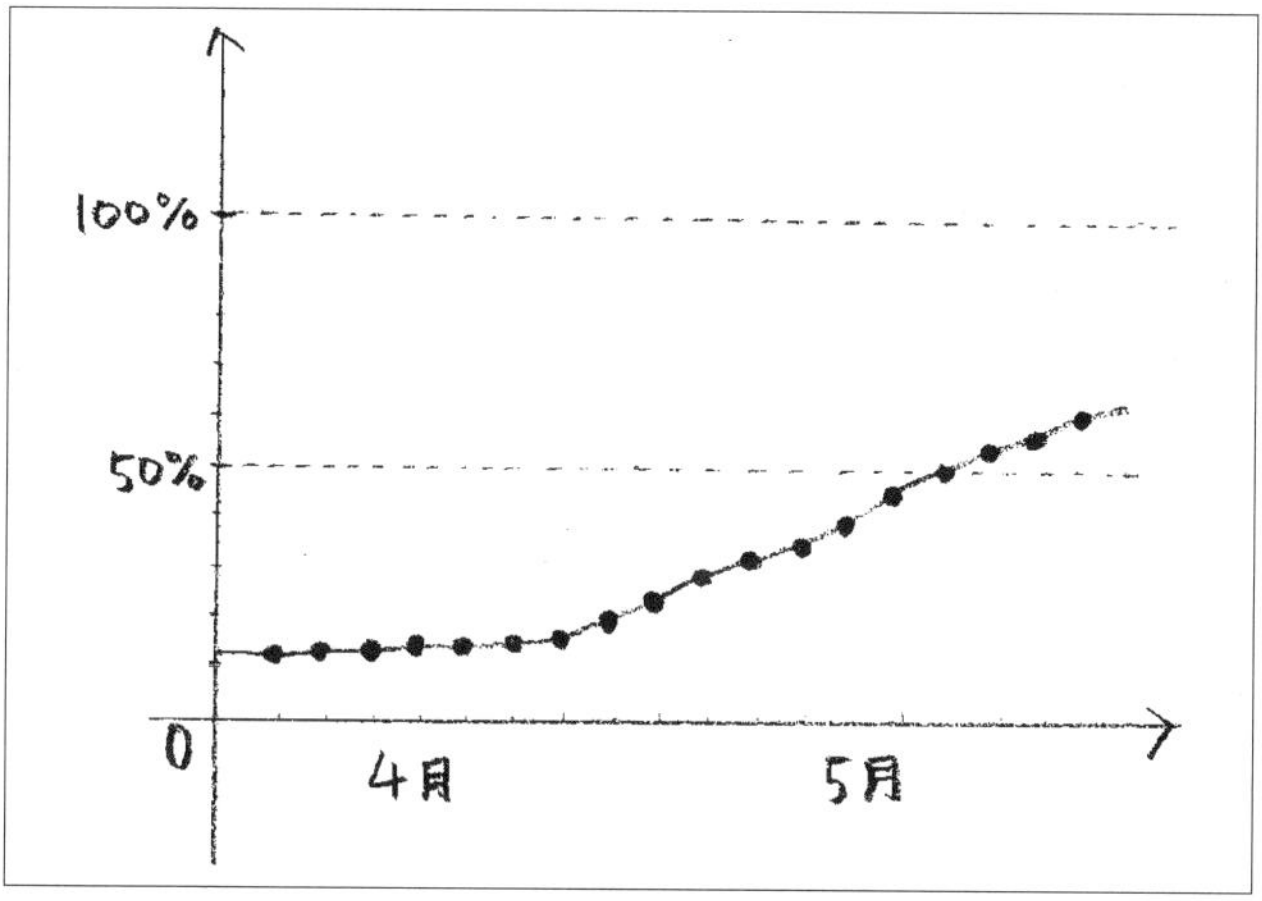

わたしたちのモチベーション管理表（4〜5月）

られない。観察シートを分析するマーケ班からカバンと飲物は改善されている、それと遅刻も少なくなった。ただし、積極性は見られないと報告が入った。

また金曜日が来てMCの綾乃が顔を動かしている。

莉　子「それ、顔面運動？」

綾　乃「口を大きくあける練習してんの」

莉　子「美容にいいから？」

綾　乃「そうじゃなくて発声のためよ。莉子は副ゼミ長だから別の準備あるんでしょう、今日は重要なんだから」

今日は大切な日。今日の先生はわたしと彩乃。それはいつものように突然やってきた。先生から「教壇に立ってみませんか」の一言。

エッ！　まさか――。

真梨子「それってステージに上がって何かしゃべれということですか」

先　生「そう、そのまさか。君たちこそ就活のことを1番理解している人でしょう。だからその体験を伝える」

準備時間は1週間、これまでの講師は偉い人ばかり。

わたしたちの話なんかはたして聞いてくれるのかプレッシャーだ。

実は、わたしたちは似たようなことを時々している。それは人前でしゃべるということ。

2年生向けのゼミ説明から3年生のディベートのジャッジ、そして学年を横断した係りごとのミーティング、下級生の授業、そしてゼミでの沈黙はありえない。

総務の議事録確認からはじまり、係りごとの現状報告、そして改善案について、ファシリテーション技法を使って運営するのがわたしゼミ長の仕事。ときには合意を強権を使って行う必要があるので、この強引さからメンバーはわたしの名前の下に様をつけて、わたしのことを真梨子様と呼ぶ。最初はいやな感じだったが、このごろはまぁいいかなと思い、受け入れている。

とにかく、わたしたちは人前で話すことに抵抗感が少なくなっていた。またネットを開けばプレゼンテーションの方法や人前で**あがらないで話す方法**などが次から次へ出てくる。どこも似たようなことが書いてある。

自己紹介をきちんと、資料は棒読みにならないように、そして結論からエピソードを入れる。主張するときは「いろいろなお考えもあると思いますが」と述べる前に一言添える。1枚のスライドにある程度の時間をとる。そしてリハーサル、聴衆に語りかけるなど、いずれもわたしたちが普段から心掛けていることだった。

ただし1つ違うのは、これらのことを分業して**チームで行っている**点だ。

精度を高めるために歴代の先輩たちが作り上げてきた手法。

先生に言わせればあがらない人なんかいない。日本人は人前で話すことが苦手なよ

４年生が２年生にゼミのガイダンスをしています。

うなことが言われているが、どこの国の人も公式な場できちんと話すことになれば緊張しない人はいない。

緊張を避けないで上手につきあう

つまり、あがらないようにするには、十分な準備、会場の下見が可能なら見ておく、失敗したらとかネガティブにならないで聴衆のことに集中する、聴衆の気持ちになって聴衆がうなずいているシーンを頭に浮かべる。そしてとにかく何回も何回もやってみることが1番大切だ。

ちなみにゼミ内で1番緊張するのは先生であることは有名である。

学内の研究会での発表です。

実践的プレゼンテーション
——トレーニング開始

講師については、毎回ふりかえりシートの下に次回講師の紹介が書かれているので受講生は知っている。

講師にとってプレッシャーがかかるのはシートには質問欄があること。

次回講師にはその質問を要約してお送りする。そのときのテーマなどで質問数は異なるが数は結構ある。

講師はわたしたちなので質問は少ないと思っていたら、思いがけず多く、なかなか良い質問もあると聞かされたときには驚きだった。それにすべて目を通し、期待に応えて回答できるように準備するという気持ちを持つことで、人前で話すのは恥ずかしいとかうまく話せなかったらどうしようという自分に対するネガティブさは消えていった。ただ、聴衆である後輩にきちんと伝えたいという気持ちが**攻めの緊張感**を生んでいる。

練習は十分した、内容はすべて頭に入っている。はじまる前に先生が「スライドに向かって右側に立つ位置をとるよう意識してください。それと少しステージ上で動いてみてください。その際の目線は中央より上の席を見て左から右に落としていきます。右から左へと前列に動かしてみてください」と言った。

エッ、先生、動くってどうするんですか？

先　生「レクチャー台は外したのでなにもないから、ただ立っていると間がとれないと思います。どうせデータを指したりするでしょう。主張したいところはステージの前に出るとか、尖ってみてください。これは意識しなくてもできるのでがんばってください」

先生が言っていた説明を聞いていているうちになんとなくできるような気がしてきた。

莉　子「問題ないんじゃない、じっとするなってことでしょう。だって、真梨子様いつもそうなってるし」

わたしたちは発表の際に先生の注文でいろいろなケースを想定してトレーニングをしている。あまりにも発表する場が多いので特に意識していなかったが、質問を書いてくれた後輩のためにもいいプレゼンテーションを行おう、よし、試してみようと思った。

いつもは迎える側だけど今日は逆、やはり照れくさい。入場はいつものように後方から拍手で入る。階段教室は上が高くなっているので入ると見渡せ、見渡す感じってこんななんだ、これではやる気のなさなどはすぐ気がつくなと思った。

あれ、満員だ。

わたしは、今日に限っては休みが多いのではないかとネガティブになっていた。しかしほとんど空席は見られない。

はじまった。持ち時間は1人20分。終了したらパネルディスカッションの構成だ。

さて、最初の第一印象が大切、**口を大きくあけて**、「みなさんこんにちは」。**第一声は少し高めに**意識してそして**笑顔**、手にはマイクと必要なときに使う差し棒、原稿はない。姿勢に気を付けてジェスチャーを入れる。ジェスチャーは多用すると落ち着きがなく受け取れてしまうのでリズミカルに。

〝気付いたことが3つあります〟大きく手をあげて指し示す。**動きはゆっくり**、立ち止まることも大切。次のポイントの箇所であえて立ち止まることで落ち着きを演出できる。

先生の注文があったように主張したいときは一歩前に出て話し、意外と落ち着いている自分に安心したのか緊張感はほぐれてきた。

視線は**上から左↓右へ**、寝ている学生はいない、結構うなずいてくれている。話しやすい。今日は自分の話したいことではなく、**聴衆の興味がどこにあるのか**、皆で一緒に考えて作成した。工夫して成功した話や失敗例を組み込んで、**葛藤↓解決というストーリー**にした。何か1つでもつかんでもらおうと一生懸命みんなで考えてきたものだけに眠くならないはず。

今日の先生は４年生です。綾乃が就活の話をしています。

ビジュアルにも工夫をした。今回は講師が２人、話す内容は異なる。しかし就活の事例紹介という括りなので、２人の印象に偏りがないほうがいいのではないかというマーケ班の意見があって、パワーポイントのデータの使い方や配色のパターンを揃えてみた。ビジュアルデータの構成が似ているので、結局２人の発表スタイルが似てくる。だから聴衆は落ち着いて聞くことができるという仕組みだ。

わたしが見る限り寝ている人はいなかったし、質問者は多くはなかったが積極的に質問をする人が数人現れたことはいままでになかったことである。

無事終わった。いつもより拍手喝采に聞こえる。一旦退場してPCの片付けに戻るとメンバーから、

美津紀「よかった！　すごくよかった‼」

莉　子「さすが真梨子様！」

そこへ先生が来て妙なことを言いだした。

先　生「聴衆の顔を観ていたね」

真梨子「ハイ、観ていました……よ」

先　生「ホ〜」

そこへ知らない受講生がありがとうございましたと声をかけてきた。

ありがとう――

また一人、「ありがとうございました。お疲れ様でした」と。

ありがとう――

こんなことはいままでなかったこと。感動！　成功したってことかな。

いつものように研究室でミーティングをしていると、雅美が「**わたしたちの課題、いまやっている授業運営でいこうよ**」と言いだした。

実は、その前に大きな選択がわたしたちの前にあった。それは国営公園事務所からの連携事業の要請である。先輩方が行ってきた内容をみて興味を持ったということであった。課題はいつもなら先生から与えられてきた。しかし今回先生は概要を説明するだけで、「選択するのは皆さんです」と言ったきり音沙汰がない。

内容は市内にある国営公園を活性化させるという大きな事業。いままでA市と行ってきた実績があるのでできないことはないと思った。しかし何かひっかかる。

課題が決まらずにすでに6月に入ろうとしていた。そこに雅美の爆弾発言だ。

国営公園の件は行わないの？

奈　美「授業運営なんていう課題ではたして大会で勝てるのかな。いままでの課題は規模が大きなものだったよ。他の大学の発表も何千人集めたとか。◆◆街が活性したとかの課題だよね。こんな小さな課題で成果だせるのかな」

由希子「課題って大きさかな」

由　貴「大きさかもしれないけど、大きさじゃないかも」

みんなうなった。そこへ奥で聞いていたのか先生が割って入ってきた。

先　生「いいじゃないですか。君たち自身が決めた課題、しかも実体験して改善しているし、ＰＤＣＡがうまく回っている。**社会背景**もある実に良い課題です」

そうなんですか。社会背景があるんですか。

すると先生は新聞をわたしたち全員に見えるようにテーブルの上に広げた。そこに書かれていたことは教育改革というタイトルだった。

そしてあれ、と思うカタカナが目にとまった。**アクティブ・ラーニング**である。これってわたしたちが行っていることだ。それに**課題解決**という文字もある。これが社会背景ということらしい。

ここは自分たちで選択しようと考え、先生少し時間ください、みんなで考えてみますと言った。

先　生「わかりました。あの国営公園の件は3年生に行わせます。すでに説明しておきました」

でた！　わかりましたと言いながら、すでに決めている感じ……。

少し時間をくださいと念を押して研究室を出た。

さてどうするか、課題の設定次第で大会でどう戦うか決まってくると先輩から聞いた。すこしでも有利にするには課題の持つイメージも重要だ。

でもいまの授業運営にはやり甲斐を感じていて、これはみんなも同じだと思う。わたしの考えは決まった。小さな課題だけどこの授業運営でいこうと。わたしの気持ちを伝えた結果、みんなもよろこんで同意してくれた。

なぜかいちばんよろこんだのが先生であったのが意外だった。

のちにこの決定が今後のゼミ運営に大きな影響を与え、課題設定に対する高い評価を受けることになるとは、思ってもいなかったが。

これで社会人基礎力育成グランプリ予選会へ向けての課題設定が決まった。残っていた大学発ベンチャー・ビジネスコンテストの事業計画も概要がようやく固まってきた。あとはこれら無形の課題をどう説明していくか。プレゼンテーション力が問われる。わたしたちが勝ち残れる方法の1つとして**プレゼンテーションで差をつけるしかない**ことは歴代の先輩方から言われていた。

こうして夏休み少し前から関係する作業に入っていった。大学生最後の長期休みは返上、関係する作業を細分化し、休み期間も週2日作業を行った。

2

ビジュアル・ストーリー型プレゼンテーション技法

ここからわたしたちが実際どのようなトレーニングを行っているのか、企業秘密ですがビジュアル・ストーリー型プレゼンテーションについて述べていきます。基本は、**分担して全員で助け合い作り上げていくこと。**傍観者0だからチームワーク抜群です。

プレゼン班――なかまだからできるシャドー（影）

プレゼンテーション担当をプレゼン班と呼び3名から5名で構成しています。人数が複数なのは2つのコンテストに対応するためと発表者のストレス緩和のためです。シャドーという手法もゼミ独自のもので、シャドーのプレゼン者はステージに立つことはありません。メインのプレゼン者の参考となるように同様なことを担います。中にはメインの者よりうまいと思うメンバーもいます。でもステージに立つことはありません。だからとてもつらい担当です。

しかし、このシャドーから得る気付きはとても重要です。同じことを言っていても

人が変われば違うように聴こえることが多々あります。

この相違点と共通点を分析することでアイデアが生まれることがあります。このようにメンバーの多くがプレゼンテーション技法をマスターします。

メンバーからのとっておきの話　「かげとして頑張るシャドー」

シャドー辛かったでしょう。

聡　美「ううん〜、そんなことなかったよ。チームのプレゼンのストレス考えたらね」

美津紀「でもね。聡美はシャドーはステージに絶対上がれないのを承知のうえで行っていたよね。もしわたしだったらとてもできないよ」

聡　美「ありがとう──」

雅　美「聡美がすごいと思ったのはプレゼンになっていたことだよ。

手を抜くとことなく行ってたよね。あれは皆を感動させたよ」

聡　美「うそ〜」

美津紀「うそじゃないよ。聡美のひた向きさに影響されて綾乃がやる気を取り戻したんだよ」

聡　美「役に立ったんだね。よかった。あんまり褒めないでよ。わたし泣くよ」

だまって話を聞いていたが、メンバーのひたむきな努力が積み重なってわたしたちは安心してプレゼンテーションを行うことができることをかみしめた。

マーケ班――プレゼンテーションをささえる

名前の通り分析を主に担当します。メンバーは4名程度で構成されています。話が煮詰まってもなんとかなるよと肯定的に取り組めるメンバーが中心で、ＰＤＣＡをうまく回すのも役目です。

難しい推敲なぜできるの

面倒だが重要な役目として発表原稿の推敲があります。

基本原稿といって、こんな風に話したいという粗原稿を発表者が書きあげます。その発表を聴いて推敲するのが仕事。推敲は難しい仕事ですが、うまくいっているのかどうかは聴衆のことを第一に考えているか、聴きやすく説得力ある文章であるかどうかが、大事なチェックポイントになります。

いいプレゼンテーションはストレスコントロールから

メジャーなコンテストは予選会がその年の11月ごろに行われ、そして本大会（全国大会）は翌年の3月などが一般的です。わたしたちは6月から課題を徐々に整理して、発表できるスタイルまで約3か月、そこからはじめて発表の練習に入って行くのがパターンです。だから例えば4月の新学期から立ち上げて、やっと概要がわかるのが後期9月ごろ。

でも製品を開発したわけではないので**課題を触ってみることも試してみることもできない**し、本当にこれで良いのかダメなのか、自分のやっていることに自信が持てない状態が長く続きます。

したがってとても**ストレス**がかかります。

それを緩和するために見える化（可視化）し、気付きを共有し、みんなでストレス緩和に取り組んでいきます。

マーケ班の仕事は、分析や調査だけではなく、ゼミ生のモチベーションの管理などもあります。

写真が実際に使用していた、わたしたち独自のモチベーションシートです。使用目的としては、まずは自身を振り返るため、そして、社会人基礎力を意識し、身に付けるためです。

また、テキスト欄を設けることで、一人ひとりの気付きや想いを把握、共有することができました。

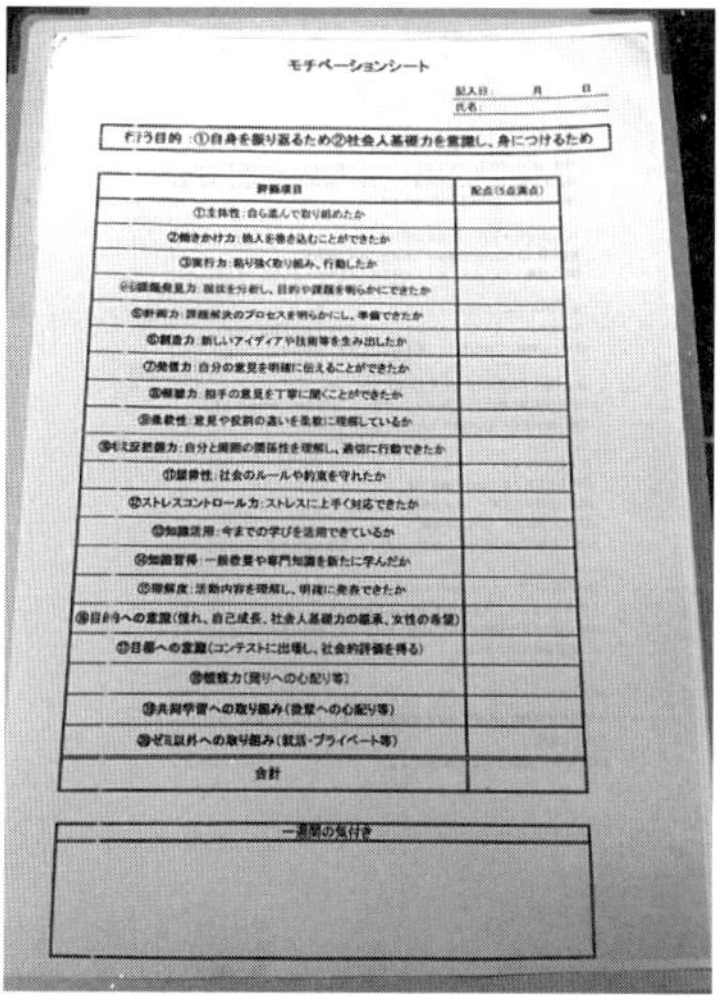

モチベーションシート

記入日：　　月　　日
氏名：

行う目的：①自身を振り返るため②社会人基礎力を意識し、身につけるため

評価項目	配点(5点満点)
①主体性：自ら進んで取り組めたか	
②働きかけ力：他人を巻き込むことができたか	
③実行力：粘り強く取り組み、行動したか	
④課題発見力：現状を分析し、目的や課題を明らかにできたか	
⑤計画力：課題解決のプロセスを明らかにし、準備できたか	
⑥創造力：新しいアイディアや技術等を生み出したか	
⑦発信力：自分の意見を明確に伝えることができたか	
⑧傾聴力：相手の意見を丁寧に聞くことができたか	
⑨柔軟性：意見や立場の違いを柔軟に理解しているか	
⑩情況把握力：自分と周囲の関係性を理解し、適切に行動できたか	
⑪規律性：社会のルールや約束を守れたか	
⑫ストレスコントロール力：ストレスに上手く対応できたか	
⑬知識活用：今までの学びを活用できているか	
⑭知識習得：一般教養や専門知識を新たに学んだか	
⑮理解度：活動内容を理解し、明確に発表できたか	
⑯目指すへの意識(憧れ、自己成長、社会人基礎力の継承、女性の希望)	
⑰目標への意識(コンテストに出場し、社会的評価を得る)	
⑱観察力(周りへの心配り等)	
⑲共同学習への取り組み(後輩への心配り等)	
⑳ゼミ以外への取り組み(就活・プライベート等)	
合計	

一週間の気付き

モチベーションシート20項目1～5点。
これを毎週チェックします。

ちなみに、テキスト内容はこれまで様々なものを試しました。あるときは、ストレスチェックができる簡単な心理テスト。組織やチームが再構築した際には、その変化について。2、3年生の様子について。反省や次週の目標について。楽しい内容から自身のことや、周囲の状況など、様々でした。

このシートを用いることで、組織の見直しや仕事量の偏りを防ぎ、抱えているストレスの緩和を図りました。はじめは、自分のことばかりだった内容も、次第に周囲を心配する、思いやる内容が増えていきました。また、仕事量が多いチームには自分からフォローに入ったりと前向きな姿勢も多くなりました。モチベーションシートは、わたしたちが組織となる上で重要なものだったのです。

メンバーからのとっておきの話（マーケ班）
――なみだの綾乃交代劇　マーケのメンバーがピンチを救う

マーケはときには辛い意思決定を行わなければならない。

わたしたちには実践的トレーニングとして2ヶ月に1回程度、公式な場で発表が組まれています。進捗を測る箇所としてマーケ班が設定している場です。

わたしたちはこの場を1つの目標としてトレーニングに励むことになります。8月初旬に進路就職課主催で東京の某女子大と本学で課題解決型学習を勉強している学生が集い、発表会を行うという催しがあり、そこで最後にゲストとしてわたしたちが発表することになっていました。

しかも多くの問題をかかえ、現在暗礁に乗り上げて半分座礁しかけて沈みそうなベンチャーの課題で。なぜ問題が多いのか、1つはわたしたちの能力をはるかに超えた知識が必要だから、もう1つは時間的な問題でした。

社会人基礎力グランプリ予選会より、ベンチャー・ビジネスコンテストの事業計画書提出一次審査が2ヶ月近く早く、その対応を早く軌道に乗せてプレゼンテーションできるまで進める必要がありました。

そして8月の発表まであと2週間に迫ったときに、発表者すら正式に決まっていませんでした。ただしプレゼンテーションの本格的トレーニングは既に行われていて、わたし（真梨子）、莉子、綾乃、聡美、智納勢、美津紀の体制でプレゼン班が構成されていました。

このメンバーが社会人基礎力育成グランプリと大学発ベンチャー・ビジネスコンテストの2つで発表を行うことに一応なっていました。綾乃・智納勢が社会人基礎力育成グランプリ、莉子・美津紀が大学発ベンチャー・ビジネスコンテスト、そして、わたしと聡美がシャドー、これがプレゼン班の担当割でした。

しかし、問題というか本来問題にならないことが起きます。それが綾乃の交代劇。

4月から少しずつトレーニングを重ねてきた綾乃をおろし、ベンチャーの担当をさせる。これはマーケ班が先生の言う最高のパフォーマンスをということを実践した究極の意思決定でした。

わたしもマーケ班の話を最初聞いたときは耳を疑いました。

なぜ綾乃を代えるの、と聞くと、

雅　美「冷静に聞いてね。時間がない中で、最高を目指すためこれしかないの、たぶんね。綾乃にはわたしから言うから」

真梨子「いいよ、それはゼミ長の仕事だから」

雅　美「真梨子様は関わらないほうがいい。わたしたちがきちんと行うので信じて」

雅美の目がいつもお弁当を楽しく食べている目と違う、なんだろうこの気持ち。

わかった任せるね。なぜか最後にごめんと付け加えた。

明らかにわたしに余計な心配をかけないように気遣っていることがわかる。マーケ班の4人は本当にプレゼン班に気遣いをしている。

これで本当にいいのかわたしは悩んだが、いまはマーケ班に任せたほうがいいように思えた。

雅　美「綾乃、話があるんだけど時間少しくれない」
綾　乃「いいよ。なになに、叱られるの？」
雅　美「まさか――」
綾　乃「わかった。それじゃ授業終わったら研究室行くね」
雅　美「お願い、ごめんね。本当にごめんね」

綾乃はおよそのことは気付いていていた。

スケジュールからベンチャーのプレゼンを強化するというマーケの判断で、社会人基礎力担当の綾乃をおろし、ベンチャーの担当に変更するという方針変更。

しかし、この話は簡単ではなかった。なぜならば綾乃は何ヶ月もかけて社会人基礎力予選会に合わせて厳しいトレーニングを積んできたから、綾乃の性格を考えてもこのときわたしは社会人基礎力のプレゼンテーションが適任だと考えていた。

だから綾乃でいいと考えていた。

しかし、マーケ班は深かった。妥協との引き換えは目標をつかむことができないことをマーケ班は理解していた。またチームの夢を叶えるには何が必要かも理解していた。そして出した答えが妥協を許さない最高のパフォーマンスだった。

痛みをチャンスにかえる戦略を立てたその苦しみをすべて受けて、必死に調整しようとするマーケ班のメンバーに、感謝の言葉が見つからないわたしがいた。

雅　美「綾乃ごめんね、話はね、社会人基礎力の担当おりて、ベンチャービジネスにまわって。悩んで悩んだ結果これしかないの。原稿もすべて変わるし時間はないし、本当に大変だと思う。わたしたちも一緒に苦労するのでお願い――」

綾　乃「そんな話だと思っていたよ。わたしここまでうまくできてないし、緊張感もいまだに克服できていない、しょうがないよね。でも社会人基礎力のプレゼンテーションはわたしの夢だったの。これでも頑張ってきたんだよ」

雅　美「わかってる、わかってるからこそかわってほしいの。ベンチャーで綾乃の実力見せて、綾乃しかいないの。もう2週間しかない中で結果を出すために綾乃が必要なんだよ。がんばろう一緒に」

綾　乃「もういいよ、言いにくいことありがとうね。やれるだけやってみるよ。もう大丈夫、明日から原稿読み込むから助けてね。」

雅　美「ごめんね、ごめんね」

　この後マーケ班の究極の意思決定が綾乃の精度を高める結果となり、社会人基礎力育成グランプリ予選会の担当にも返り咲き、わたしたちのいくつかのピンチを救うことになる。このときはまだ知らなかったが。

パワポ班——視覚効果を最大化

メンバーはこのグループのことをパワポ班と呼んでいます。わたしたちは先輩たちの発表スタイルを観て真似ることから入ります。性格が異なる人の集まりなので、その年度でチームの特徴がでてくるように思います。

でも一貫して同じなのは、スライドとスピーチを効果的に組み合わせていることです。ですからパワーポイントのスライドを作成する専門のチームが存在して、カイゼン試験を繰り返しています。地味な作業のように見えますが、わたしは科学的な視点が大切だと思いながら完全に任せています。

メンバーからのとっておきの話　「組み立て」（祐理子）

パワポ班に所属したときは正直「楽しそうだし、パワーポイントならわたしにも簡単にできるかも！」のように軽く考えていました。しかし実際に携わってみると大変なことばかりでした。原稿を作るチームとの連携がとれておらず、まったく違うスライドを作成していたことや、女性らしく可愛らしい雰囲気のスライドを作りたいと思い、ピンクの背景やカラフルな文字を多用し過ぎて、とんでもなくわかりにくいスライドを作ってしまったりと、いま考えてみると作ることに集中しすぎて聴衆の気持ちをまったく考えていないものを作っていました。ゼミのみんなに指摘を受け、慣れはじめてからは、

①文章は短く要約、または体言止めに

②スライドに使う色は基本３色

③メインの色を1色決め、統一させる
④背景は白（わたしたちは）。※ただし、あまりホワイトスペースが多いのも良くないと思います

これらを基本にシンプルなスライドを作成しました。わたしたちのプレゼンテーションはスライドではなく、プレゼンテーターに集中してほしいため、なるべく不要なアニメーションは避けて、**プレゼンを引き立てる**ようなスライド作りを心掛けています。正直、新しいアイデアやデザインを考えることは大変ですが、コーディネーターやプレゼン班の協力のもと頑張れました。

メンバーからのとっておきの話 「細かい訂正」（由希子）

本やネットにすでにあるような特別なことは行っていません。ただ、より見やすいスライドにするために、重要な点、それが「統一感」だと思います。

基本的に統一すべき点は3点だと思います。

(1) 色
(2) 文字の大きさ
(3) 文字の位置

(1) 色

これは統一感を持たせるために1番効果的だと思います。文字の色について気を付けたいのは、以下の点です。

①黒を使った文字
②強調したい文字
③調和の取れた色遣い

①黒を使った文字

普通は背景が白い場合、黒い文字を使うことが多いと思います。黒い文字で大きな文字や太い文字を書くと、インパクトが強すぎるということがあります。

そこでひと工夫しています。濃い色なんだけど、微妙に黒ではない色を使うと、少しやわらかいイメージにすることができます。

ではどんな色を使ったらよいでしょうか？ 黒ではなく少し灰色にしています。パワーポイントの色の中でいうと、具体的には「80％灰色」のような色です。

濃い灰色を使うことによって、黒の強い色を抑えることができます。

②強調したい文字

強調したいキーワードがある場合、何色を使いますか？　すぐに思いつくのは赤色とかだと思います。でも周りの色の系統がまったく違う色の場合、統一感が取れなくなってしまう場合もあります。そのときはできるだけ同系色を使うといいと思います。強調したい場合は、周りと違うということを認識させればよいので、必ずしも赤色や濃い色でなくても認識させることができます。

③調和の取れた色遣い

スライドを見たときに調和が取れているかどうかで印象が変わります。最初に使う色を3色決めています。

基本の3色に沿って構成していくことで、スッキリと統一感がでます。

(2) 文字の大きさ

プレゼンテーションは何枚ものスライドが重なって構成されるものです。その中でタイトル文字の大きさは変えないのが効果的だと思います。文字の大きさを揃えるだけで見栄えが全然違いますよ。

(3) 文字の位置

スライドのサブタイトルの位置は固定しています。同じ位置に表示させることで、見ている側からすれば、スライドを一瞬見ただけで、どれがサブタイトルなのかがわかるので見やすいというメリットもあると考えています。

以上の点に気を付けると、統一感が出て格段に見栄えが良くなります。

タイムキーパー――プレゼンテーターを時間で分析する

わたしたちのタイムキーパーはただの時間管理ではありません。発表者はトレーニングを積めばかなりの精度で時間通りにプレゼンテーション時間内で話すことができます。

しかしメジャーな大会では時間オーバーは致命的なマイナス評価になります。この与えられた時間を有効に使うには時間を戦略的にコントロールする必要があるのです。それがわたしたちのタイムキーパー。毎々パートごとの時間を秒単位で計測し、それを全員に見える化して改善の参考にしています。

第一パートは3分14秒でプラスマイナス差4秒と目標を設定。その誤差の理由を分析していくという方法で、原稿の修正があれば合わせて設定タイムを変えていきます。

どこに貴重な時間を重点配分するかという実に重要部分を受け持っています。

メンバーからのとっておきの話（奈美）

はじめはプレゼンの時間を計るだけの仕事だと思っていました。わたしは普段パワーポイントを作成しているチームに所属しているため、プレゼン練習中に仕事がないわたしにたまたまめぐって来た役割なのだと勝手に考えていました。

そのため、はじめは何の考えもなくただ時間を計っていました。しかし、練習をしていくうちにプレゼンメンバーが自分の持ち時間に収まるよう原稿を訂正したり、読むスピードを考えたりと、時間に合わせ工夫を凝らしている姿を見て、わたしはとても重要な役目を担っているのだと正直このときはじめて実感しました。

また毎回のプレゼンを秒単位で時間を管理することが、本番でプレゼンメンバーが安心して堂々と発表できることにつながるのだと、べンチャーや基礎力の大会を通して実感しました。一見小さな仕事のように見えても役割として存在する限り、このチームの中に手を抜いていい役割はありません。わたしに気付きをあたえてくれた大切な仕事、それがタイムキーパーです。

ディレクター――トレーニングを安心して行える

1人か2人で兼務して担当する場合が多い役目です。業務は当日の会場環境と近い場所を設定したり、トレーニング会場の音響や機器などのセッテング、チェック、進行管理、発表者自身の身だしなみ全般の指導、発表者のウォーキングの指導、立ち位置の指導など様々です。

この役目は適性が問われます。しかしいままで適性を外れたことはありません。

メンバーからのとっておきの話（莉子）

わたし自身まったく機能していなかったこの役割。ディレクターとは名ばかりで、ただプレゼンを毎回見るだけという日々が続きました。正直、プレゼンメンバー以外は何をしたらいいのか、どう周りを動かせばいいのか、果たしてわたしにディレクター（進行役）が務まるのかと不安ばかりでした。

この状況を打破するためにまず取り組んだことは、当たり前のことかもしれませんが周りをよく観察することでした。

恥ずかしながらわたしは自分の担当だったベンチャーのことしか考えておらず、周りを見ることを疎かにしていたのです。

それを改善するため、誰よりもゼミ室に早く行き、観察することでディレクターがするべき仕事が見つかりました。本番と同じ環境で行えるように教室を手配すること、周りの体調を気遣ったスケジュールを組むこと、他の役割のメンバーへの指示出し、気付けばわたしにできることはたくさんあったのです。

少しずつでしたが、環境の変化と一つひとつの役割が機能していくたびにプレゼンに磨きがかかってきたことを感じました。ディレクターの役割を通してプレゼンは1人ではなくチームで作り上げるものだと実感しました。

ジャッジと質疑――プレゼンテーターの動機付けと質問対策

トレーニングでは担当者3名程度がジャッジを行います。メジャーなコンテストの場合評価基準がきちんと定まっているので、それに習い評価シートを作り定量化します。点数の変化を改善につなげます。またこの担当者は質疑も行います。過去の動画などから傾向を分析して想定問答を作ります。的確に回答できているかをチェックしています。

メンバーからのとっておきの話（雅美、好未）

雅　美「ジャッジをする上で大切なことは、心を鬼にすることです。最高のパフォーマンスをするためには、友達とはいえ厳しい目を持つことも必要です。わたしたちは、場慣れという意味でも、大会の雰囲気を作るため意図的に最前列でメモを取ったり、圧迫的な態度をとっていました。

また質疑応答では最も素が出る場面です。的確な応答になっているのかだけではなく、姿勢や表情など細かい部分も指摘をしていました。

はじめは評価することが苦痛でしたが、プレゼンが次第に良くなるにつれて使命感が湧いてくるようになりました」

好末「友達を評価するのは難しいことですが、2年生のときからディベートなどで評価しあうことを行ってきたので苦になりません。むしろ一生懸命しているんだからこちらも一生懸命評価してあげないといけないと思っています」

記録——プレゼンテーションの視覚情報

トレーニングのすべてを動画に残しています。人の記憶は曖昧なものと先生がよく言われます。だからできる限り視覚情報として残し、ふりかえりに役立てています。このデータが代々蓄積されていて、先輩の発表方法の特徴などを得ることが可能にるのです。担当は1名程度で兼務です。

メンバーからのとっておきの話（由貴）

機材が大きいのでいつも大変。後輩のためにもきちんと残したいものです。地味な仕事と思われがちなこの仕事ですが案外大変です。記録は色々なところで役に立っています。例えば社会人基礎力やベンチャーの大会のスライドに使われていた写真のほとんどは記録係が残したものですが、どういった場面のどういう写真が必要になってくるのかわからないので、先を見据えてたくさんの写真を撮っています。

また、大きな授業などがあったときや大会、またそのトレーニング風景の動画を撮るのも記録係の仕事です。後からみんなで見返すので必ず録画しなければなりません。写真や動画は確実に記録に残していく必要があるので、機械の操作も完璧にしておかなければなりません。最初はよくわからず困ったこともありましたが、慣れれば難しくはありません。記録情報は財産です。

統　括（ゼミ長）

最後はわたし、ゼミ長の仕事です。ゼミ長と副ゼミ長、総務担当副ゼミ長をマネジメントといって、2年から4年生までゼミ全体の運営管理を行います。先生と相談しながら意思決定を行い、**チーム力を最大化**するのがテーマです。

良い環境は良いプレゼンテーションを育てると思います。

良い環境とは信頼できる仲間と作り上げていけるチームそのもので、信頼関係を構築し、それぞれの役割を任せることで、冷静な観察環境を作り出し、問題点などを速やかに解決することにつなげていきます。

こうしたサイクルがうまく回っているのがマネジメントしやすい良いチームといえます。

ただし、ここまで来るには、対立を繰り返し、それを克服するための時間と痛みを伴います。

わたしは日本一になった先輩に憧れこのゼミに入りました。互いに意見をぶつけ合いながらもチーム全員で1つの目標に向かって、取り組む姿。大学生活に物足りなさを感じていた2年生の頃のわたしには眩しすぎる程、輝かしく遠い憧れの存在でした。そんな先輩のようになりたくて、わたしはこの数年間、ゼミ長として大学生活のほとんどをゼミに費やし、誰よりもプライベートよりゼミを優先させて取り組んできました。だからこそ、ようやく自分たちの代が社会人基礎力グランプリに出ることができるとわかったときには、絶対に自分がプレゼンテーターとして大会に出るんだ、という強い思いがありました。

しかし、念願のプレゼンテーターに選ばれ練習がはじまると、次第に周りのことが見えなくなっていきました。ゼミ長として一番おろそかにしてはいけない、〝現状把握〟〝周囲への気遣い〟がかけていたのです。このチームで日本一になるには何がベストか。プレゼンテーターとしてのわたしの代わりはいても、ゼミ長としてのわたしの代わりはいない。夢見ていたプレゼンテーターとしての大会出場を自ら辞退するという決断をしたのです。ゼミ長だからといって特別な能力や率先して先頭に立って周囲を引っ張っていくことがすべてではありません。一歩引いて周囲を見渡し、メンバーの状況や活動の進捗状況を把握できる余裕こそが必要なのです。そのことに気づいたわたしはプレゼンテーターを辞退する決断をしました。

しかし最終的にわたしはプレゼンテーターに復帰します。それができたのは周りのメンバーの支えがあったからです。組織を形成する上で最も大切なのはゼミ長としての個人の能力ではなく、いかに互いを思いやり、信頼関係を築くかということだと思います。

以上がわたしたちが取り組んだ役割分担です。企業ではここまで人を割けないという意見もあると思います。しかしグループ学習として考えると全員参加型なのでワークが活性化します。また、1チーム10名程度を10チームで100名のグループワークも、わたしたちの実験では可能でした。

秘伝!?　プレゼンテーション力を育てる

わたしたちのトレーニング法は、教室の外から見ている人にはいったい何やってんのかなと思わせます。

笑顔と書かれた表示をちらちら、矢印を上下に、○印を右に左に、とこれを教室の後方で行います。

これはプレゼンテーターの視線配置を指示しています。視線は原則向かって左後方から右へ移動させるのですが、最初は話すことでいっぱいで、とても聴衆を観る余裕はありません。

笑顔はないし、視線はなんとなく下ばかり。そのため係りが適切な指示をすることで、発表者の心理的負担を軽減し、また、気付きのため行っています。

これは効果があると思います。

中央でぐるぐる――デッドゾーン

中央でぐるぐるとは写真のとおり死角デッドゾーンを排除するトレーニングです。発表者をメンバーで取り囲み、中央でスピーチするために、全員にアイコンタクトを送るトレーニングです。

最初は恥ずかしくて、嫌だなと感じますが、このトレーニングを通じて、目線を動かす、足の運び方、身体の動き、ジェスチャーについてなど気付きがいっぱいあります。良いジャスチャーとそうでないジャスチャーについて気付く第一歩のトレーニングで、結構早い段階で行っています。試してみてはいかがでしょう。

中央でぐるぐる。わかりにくいと思いますが、円の真ん中で話をしています。

「○」は顔の向きで、「➡」は視線を指示しています。

浮田先生のポイント①
「リーダーが良質なプレゼンテーションを生む素地をつくる」

ゼミ長はときに強権を使うのでメンバーから名前の下に称号がつけられ真梨子様と呼ばれています。女王として君臨しているイメージですが、実際は異なり、とても繊細な性格の持ち主です。

この本の中にも泣きたいというシーンがよく出てきますが、実際大泣きしたことも数度あり、心の中で小泣きした回数は数知れずだと思います。

これには理由があります。それは絶えず発生するメンバー間の温度差や人間関係が原因で、リーダーとしての調整がうまく行かず、しこりが残ってしまう場合などが30%程度。責任感とできるのにできない悔しさからの涙が70%です。

強権を使って真理子様と呼ばれてはいますが、繊細で観察力があり、ゼミのリーダーには欠かせない素質の持ち主です。

なぜなら課題設定から解決に至るまで時間がかかり、また課題が無形なためモチベーション維持こそが生命線、このためのメンバーへの**気遣い**ができることが第一だからです。

今回は就活と重なったため、チームのみんなの内定状況を一番気にかけていたのがゼミ長で、「よかった！　先生、○○が内定しました」こんな感じでわたしに報告していました。

このゼミのゼミ長は**強力なリーダーシップは必要ありません**。とにかく皆で相談し、1人で考えていたときよりもいいアイデアや答えを引き出すというワークを繰り返すことで、メンバーに一定の判断能力を身に着けさせる。ここには強力なリーダーシップは必要なく、総意から出たものを**冷静に意思決定していく**。

このようにいかに冷静に状況判断できるか否かが歴代ゼミ長の適性の1つで、こうしたゼミ長運営のゼミ環境が信頼関係を作り上げ、プレゼンテーション作業の役割分担につながり、精度が高いプレゼンテーションを作り上げているのだと思います。

それでは、ゼミで強化してきたビジュアル・ストーリー型のプレゼンテーション技法についてまとめます。

プレゼンテーションはＰＰＴを一生懸命作ることではありません

多くのみなさんはプレゼンテーションを作ってくださいと言われると、パワーポイントのスライドを作ります。しかもわかりやすくしようとパワーポイントのスライドにアニメーションをたくさん入れて懸命に作ります。懸命さは評価できます。しかし聴衆を説得できるものになっているのかは別のものなのです。

ビジュアル効果

わたしたちのゼミでは行われるワークのほとんどにジャッジ担当者を置き、学生同士が互いに評価しあう方法をとっています。評価のポイントはゼミの指針である「わかりやすさ」です。そこで登場するのが視覚効果です。通常の発表から、ふりかえりの共有など様々な箇所で口頭発表だけではなく、パワーポイントを用いたり紙芝居風であったり工夫を凝らすことが普通になっています。スピーチで補えない箇所やスピーチをさらに有効にするために視覚効果を有効に応用するという視点から行っています。

観て比較する

観て比較できる素材が次のステップに大いに役立ちます。

「なるほど手の動きはいいね。でも早口だな。スライドとの整合性がないね。スライドが読めないし聴衆のことを考えていないね。原稿の棒読みはだめ……」など、いろいろな意見がでます。

幸いさまざまなタイプのプレゼンテーション動画が保有され視聴覚教材となっています。とくに役立つのが上級生や他校のプレゼンテーションの動画です。レベルが高いものと比較させることで、気付きが発見できるからです。

ストーリー性

例えば課題解決型のプレゼンテーションでは

・1番目に状況の説明や背景など設定
・2番目には失敗でモチベーションが低下するなどの葛藤
・3番目は、苦しみ抜きながらも解決に導いた充足感

これがストーリーです。比較する教材が身近な自分たちの上級生のものであれば、自己効力感も高まり模倣しようとする動機につながります。

精度をあげるには練習しかない

最初は文章を要約・簡潔にして、できる限り正確な情報を伝えることから

はじめます。

次の段階でスピーチを行い、自分の気持ちを伝えることを体験します。

さらに、視覚効果を体験します。

そして、感情に訴えるようなストーリーを設定します。

これでステップ1の基礎編は終了です。ただしわたしたちは高度なプレゼンテーション技法をマスターするために、授業の他に課外でのトレーニングも必要だと感じてます。

チームで作りあげるグループ学習

プレゼンテーションを効果的に作りあげていくために次の項目に対応した学習をします。

発声、姿勢、ジェスチャー、原稿、記憶とストーリーの関係、質疑対策（想定問答）、視線、パワーポイント文字構成、速度、タイムキーパー、総合分析、パワーポイントデータの構成、パワーポイントの色彩、発表時間、聴衆者、人選、身だしなみ、審査分析、会場環境などです。これらは普段、練習の過程で行われているものですが、これをチームで運営します。狙いは傍観者0です。

ここではチームのメンバーにすべて役割を分担し、1つの目標に向かうという構造をとります。

例えば、プレゼンテーションを行う人は自分では原稿を作りません。マーケ班が担います。パワーポイントも同様でパワポ班が担います。さらに足の運びかた、服装等々、発表者にアドバイスする振付担当者もいます。

つまり、発表する学生は発表することに関してのみ集中させるようにしているのです。

この方法はチームさえ作りあげておけば、みんなで主体的、能動的に作りあげていく形になり、グループ学習に最適だと思います。

3　いよいよプレゼンテーション！

力が試されるビジュアル・ストーリー型プレゼンテーション

第14回大学発ベンチャー・ビジネスプランコンテスト

ついにこの日がきた。歴代の先輩たちさえ超えることができなかった壁。

まず1つは越えた。そして本当にわたしたちのプレゼンテーション力が試されるとき。理工系は製品ベンチャーでプレゼンテーションしてくる。しかもすでに実用化されているケースさえある。したがって、**勝負はプレゼンテーション力で審査委員をいかに説得できるか**にかかっている。このプレゼンテーションで差をつければ次はな

い。自信はあった。

雅　美「先輩たちのプレゼンテーションに近いところまで近づいているよ。超えたかもね」

いつも辛口のマーケティング班がそう言った。

雅　美「プレゼンテーションは必ずいい評価が得られると思う。でも、ベンチャーはそれだけではダメだからね」

ベンチャーのボスの莉子と奈緒美が相槌を打つ。

莉　子「でも起業の社会背景はいま日本中で課題になっていることだからなんとかなるよ」

なんとかなる、そしてプレゼンテーションが審査委員の心を捉えることができる。いまはそう肯定的になるしかなかった。

またこのごろ先生のなぞなぞがなくなった。少しさみしい気もするが、なんか認めてくれたような感じをうける。仲間を信じ、自分を信じよう。まずわたしがトップ、ここで好印象付けをするのがわたしの仕事だ。

二次審査は2番目。トップの大学の発表を聞いていたが、ストーリー性がないので心に響かない。間違いない。プレゼンテーションではわたしたちが勝っている。ビジュアル・ストーリー型プレゼンテーションでわたしたちは次も超える。

発表の順番がきた。後ろにいた先生がさあ頑張ろうと4人と握手をした。

発表は順調にすすんだ。心配していた莉子は本番にきちんと合わせてきて完璧。

無事プレゼンテーションが終わった。しかしこの大会はこれからの魔の5分間を耐えなければならない。それが圧迫面接を思わせるような質疑応答であり、想定される質問対策は大学事務局の方々に応援してもらい万全の準備をした。

経営に関する関連法規や財務、NPO法についても猛勉強した。自分たちがわからないところは先生への質問はもとより、各方面の関連する勉強会にも参加した。準備は万端、質問には必ず対応できると確信していた。

質問対策

ポイントは登壇している4人で想定質問を分野別に対応することにし、回答はマーケ班が作成したものを発表者に渡した。発表者は事前精査し回答することにしていた。ドキドキしているのは登壇者だけではない、マーケ班もみんなも一緒の総力戦だ。先生からもアドバイスが3つ入った。

1つ目、質問の主旨がわからない場合は、いまのご質問の内容は……ということでいいでしょうかと聴きなおしても構わない。聴きなおしている間に考える時間がかせげる。ただしできれば1回限りの戦術、多用すると理解力がない印象を与えてしまう可能性がある。

2つ目、質問の内容をできるかぎり理解し、ピントはずれな回答は避ける。

3つ目、みんなは学生なのだから一生懸命答える。本当にわからない場合は次回までに確認してきます。勉強してきますとはっきり笑顔で答える。

「先生わかってますよ、真摯にですね」と自分に言い聞かせた。

質問がはじまった。審査委員は11名。最初に手を挙げたのが厳しい質問で有名な会長さん。しかしお褒めの言葉で、プレゼンテーションがよかったという内容。でも法律面の勉強が不足と指摘も受けた。

もじもじすることは一切なく、受け答えもきちんとできていた。魔の5分は意外と速く感じながら終了した。

これで終わった。力は出し切った。

さぁ帰るよ。これから基礎力の原稿チェックだよ。13時からね。

普通はここで解散。みんなでお茶をしてベチャベチャ話して帰るところ。しかしまだワークが残っていた。わたしは内定先である銀行の勉強会に。マーケ班はまだ研究室に残っているようだ。

20時ごろ雅美からメールがきて、終わったら研究室に寄れるかとのお誘い。ちょうど会場が大学の近くだったので疲れた頭をリフレッシュするのにいいかと思い大学へ。

部屋に入ると、雅美・美津紀・聡美がいて何か心痛な感じだ。

少し緊張気味の４人です。
この後、素晴らしいプレゼンテーションを行います。

エッ、やっぱりダメだったか。頭の中はイソップの酸っぱい葡萄状態。

頑張った結果だからいいやと少し投げやりな感じでヨイショと端に座った瞬間、ボードの向こうにいた先生から「通過」という紙が。エッ！　パニック！

雅　美「真梨子様、通過したって」

何で知ってるのよ。

聡　美「いま事務局の人から先生に電話があったの」

美津紀「プレゼンテーションがすごくよかったって」

ひどいよ、だまして。みんなが「ご

めん、先生は雅美に強制されて加担したんだ」と必死に弁明していた。わたしは「よかった」と大きな声で言った。夢じゃないよね。

1年前、まず見てみましょうと先生に誘われ、会場に行き、広い会場と出場校のとても大きく、立派なタイトルが正面に堂々と垂れ下がっていた。

発表はほとんどが理工系の製品開発のベンチャー。売上数千万円。わあ〜すごいな。なんかわたしたち場違い。しかし発表内容がわかりにくいなとも思った。それはわたしの知識がないからそう感じるのだろうが、見学した5人全員が同じようなことを言っていた。先生が「どれも日々の研究を重ねここまできるんだよ。精度が高いですね」と言った。

あとは「プレゼンテーション力だね」この一言も覚えている。わかりにくいとはプレゼンテーションが関係しているみたいだと思った。

このときはこの程度の疑問であったが、この疑問がわたしたちの最大の力となるとは、到底思えなかった。

家に帰り、母に伝えると、とても喜んでくれた。日々帰りが遅いので心配していた

賞金をもらって喜んでいます。

のだ。いい結果を伝えることができて、わたしも無性に嬉しくなった。

悲願の決勝進出。夢みたい。手をつねってみた。痛い。本当だ。

次の日、先生から全員に、プレゼンテーションに関する評価がとても高かったと話があった。

苦労した甲斐があったのと、わたしたちの最大の武器プレゼンテーションを強化するという方針は間違いなかったことが嬉しい。

1ケ月後決勝が行われた。プレゼンテーション力を評価され、急遽新設された審査委員特別賞と優秀賞の二冠に輝いた。

みんなは賞金が入った封筒2つ持って写真に夢中。賞金がもらえたことが嬉しいようであった。

社会人基礎力育成グランプリ　地方予選会

過去に先輩が日本一に輝いた予選会が近づいてきた。1年ぶりの参加で、準備も万端整った。わたしたちが過去にやった事務局運営は今回は後輩の2年生が担当、悪い影響がないよう必死で準備していた。学年を超えてオールゼミで1つの目標に向かって進んでいる。

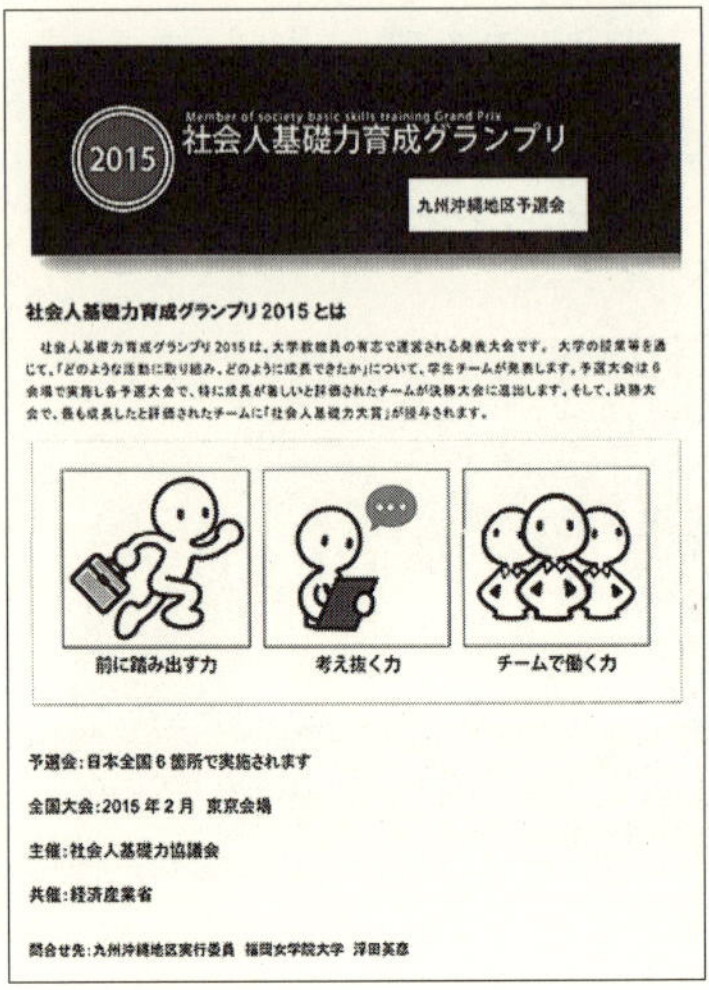

いよいよ予選会が明日にせまった。

しかし、わたしは体調を壊し声が出ない状態、お医者さんからは極力声を出さないようにと言われている。

わたしはプレゼンテーターであり、し

かもゼミ長だ。こんなことで迷惑をかけるわけにはいかない。気持ちばかりが焦る。しかしどうしようもない。落ち込みながら教室に到着するとすでにリハーサルの最中で、だまって見ているだけの悔しさと不甲斐ない自分に涙が止まらない。明日のために何ヶ月もかけて取組んできた日々が走馬灯のように浮かんでは消えた。

涙が溢れていた。そんなとき先生がわたしの肩をたたいて、「メンバーを信じて明日は頑張ろう」と言ってくれた。

雅　美「マーケ班の人ちょっといいかな」

雅美、美津紀、聡美、祐理子、副ゼミ長の莉子が集まった。

雅　美「さて真梨子様をどうする。何か考えあるかな」

聡　美「声出せないの、全然？」

美津紀「お医者さんに止められているみたい」

祐理子「明日になれば、声が出るということにはならないのかな」

雅　美「それはわからない。明日にかけるか、ここで交代を告げるかだよ」

一　同「ううん～」
雅　美「変えよう。かけはできないよ」
聡　美「誰と交代させるの」
雅　美「聡美がいい」
聡　美「エーッ！　冗談だよね」
雅　美「それは冗談、交代ではなく、智納勢に真梨子様パートを行わせるのはどうかなー。プレゼンができるメンバーはほかにもいるけど、智納勢や綾乃だったらほとんど頭に入っていると思うの」
祐理子「そうね、綾乃にしたら長くなってしまうので、智納勢↓綾乃↓智納勢の体制だったらできるんじゃない」
美津紀「いい案だと思うよ、これしかないよね。智納勢がいいよ、きっと頑張るっていうよ」
莉　子「それでは決定。いいよね」みんなが力強く頷いた。
莉　子（さて、ここは副ゼミ長としてチームをまとめ、不安を抱かせてはいけない。

泣いても笑っても、明日なのだから。とにかく智納勢に頼みに行こう）

雅　美「智納勢、明日のことだけど、真梨子様パートやってほしい」

智納勢「いいよ、頑張るよ。ある程度は頭に入っているから、よし！」

莉　子「ありがとう」

智納勢「明日は1位になって全国だよね、頑張ろう」

先生に報告するといい判断です。ご苦労様ですと言ってくれた。

メンバーらの温かい支えでなんとか気を取り直し、わたしは質疑とPC操作に回った。わたしのパートは智納勢で、安心して任せられる。

この決定はマーケ班と副ゼミ長莉子の意思決定であり、狼狽えることもなく、きちんとチームを動かしている。改めてこのメンバーとともに今日まで頑張ってきたことが誇りに思えた。

わたしたちの発表の順番がきた。プレゼンテーションは順調に進んだ。さすが智納勢と綾乃は完璧だ。特に智納勢の箇所はわたしのパートで、昨日急に変更したのによくここまで頭に入れたものだと思う。**暗記だけではここまでできない**。ストーリーとして理解しているからできる技だ。10分はあっという間に過ぎた。無事プレゼンテーションは終了した。質疑も肯定的な感想が多かった。あとは発表を待つだけ。

委員長が会場に入ってきた。

どうかなぁ。

頼りになる美津紀に聞いても、そうだねとしか返ってこない。雅美は急な発熱で後ろで休んでいるし、綾乃は既に泣いているし、先生はどこへ行ったのか探してみると最後列にいた。表情はまったくさえない。

不安がよぎった。わたしも泣きたい。

発表がはじまった。全国への切符は1枚だけ。

「準優秀賞○○大学」

なるほど、良いジャッジだと思う。優秀賞の封筒が開けられる。

「今年の優秀賞は福岡女学院大学です」

全身から力が抜けて、キャーもワーも何にも出ない。しかし涙があふれた。夢にま

4年と2年が力を合わせた勝利。みんないきいきとしています。

でみた全国への切符をわたしたちはプレゼンテーション力で勝ち取った。

夢の全国大会

全国大会は強豪揃い、一校一校の発表を真剣に聞いているとだんだん自信喪失。

大袈裟かも知れないがそれ程精度が高い。しかし、わたしたちは最高のパフォーマンスを誓いそれを実践した。悔いはなかった。

発表していて聴衆者の表情が驚く程よく見ることができた。

2年生のときには人の顔などとても

準大賞の賞状を手にする４年チーム。

見る余裕がなく、納得がいかないプレゼンと、何もできない自分に対する悔しさに泣いたことが頭をよぎった。

信じられないがそれほど冷静なわたしがいた。

そして、わたしたちはいま全国のステージで堂々と最高のプレゼンテーションを行なっているんだ、真梨子すごいぞ、と自分を讃えているわたしに、涙しそうになった。

わたしたちの挑戦は終わった、本当に何も悔いはない。

結果は……準大賞に輝いた！　みんなありがとう、応援していただいた方々ありがとうございます、と心に中でお礼をいいながら、桐の紋が入った大きな賞状を手にした。

わたしたちは、わたしたちのプレゼンテーションで賞を勝ち取った。

メンバーからのとっておきの話　「智納勢の気遣い」

突然の前日の交代劇について、真梨子の状態を聞いたとき瞬時に、わたしやろうと思いました。頼まれてもいないのでなんでと思うかも知れませんが、瞬間そう感じました。たぶん真梨子の悔しい気持ちが痛いほど伝わってきたからだと思います。

いままで数え切れないほど練習してプレゼンテーション力をみんなで磨いてきました。明日真梨子が欠けるということは力を下げることになると正直に思いました。肝心要の真梨子であり、聴衆や審査員に第一印象をきちんと認識させるには真梨子の力強い主張力が絶対欠かせません。

これこそこのプレゼン班の強みであることはよくわかっていました。ですが、わたしは真梨子にはなれません。

しかし、不安はいっぱいでしたが、わたしがやらねばならないと思い、不思議とやりたくないとはまったく思いませんでした。

わたしにとって真梨子は2年生時代からずっと共に頑張ってきて仲間です。プレゼンテーションの場数も一緒に踏んできました。互いの良いところも悪いところも気兼ねなく言い合える存在でした。だから、こんなことでもし全国行の切符を得ることができなかったとしたらこんな悲しいドラマはない、だからやらなければと思いました。

全国の舞台でこのゼミのベストメンバーでプレゼンテーションをすること、そしてゼミ長として頑張っている真梨子を全国の舞台でプレゼンさせること、これがそのときのわたしの気持ちです。かっこいいこと書くつもりなかったんだけど……。プレゼンテーションは個人技のようですが、実はチームで臨む技法だと思います。

浮田先生のポイント②
「あえてモノは作らない、課題はいつも無形。専門領域で競う、餅屋は餅屋」

わたしのゼミでは一貫して行ってこなかったことが1つあります。

それはモノづくりです。

だってモノづくりなんてできないでしょ。

ここでいうモノとは有形で形になっていて触られて、もちろん試すことができるモノのことです。ですから文系の学生には専門外的なコトになると、わたしは考えています。

そこで、わたしたちは何を扱えばいいのか、それが無形のモノです。それモノじゃん、と思われるかもしれませんが無形なので、触れること、もちろん試すことはできません。

バーチャルという方法がありますが、それは仮想の世界です。

わたしがこだわっていることは、文系大学の力を使ったモノ、要するに無形のモノを課題とするということです。

考える力は養えますが、相当ストレスをかかえます。

本文の中で、何のために行っているのかゴールが見えないと弱音を吐いている、ゼミ長の苦悩しているシーンがあります。自分が行っているコトやモノが何になるかまったく見えないし、せめて社会のために役立ちそうだ程度でもわかれば、モチベーションを維持できると思いますが、暗中模索の中で課題を構築していくことは、難しいことです。

しかし、自分たちの力を最大化し、他の学問領域の学生の研究と対等に渡り合うには、自分たちの専門を活かすしかないと初期段階で説明しています。

そこで、無形の課題を発表させる体験をすると必ず上手くいきません。

また、有形のモノを課題とした学生に点数が入りやすいことがわかります。

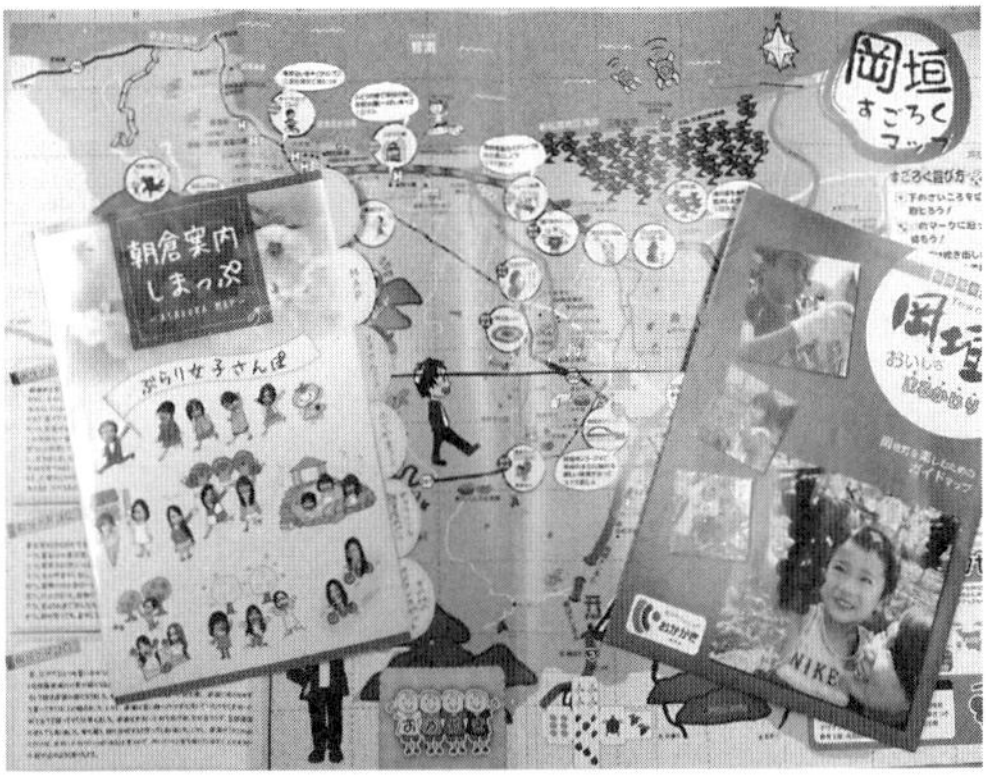

下地になっている地図が文部科学大臣賞受賞作品の**モノ**です。

このようなことを初期段階のワークで経験を積ませることで、いかに無形のモノは伝える技術を用いないと、聴衆に上手に届かないかということを知る学習となっています。

補足します。おそらく有形のモノを扱えばそれなりの成果をだすことは可能だと思います。実は期末試験代わりに行っているオールゼミ企画コンテストでは、「これはいいな」と思わせる商品企画があります。

写真の地図はゼミで唯一モノとして

作成してきた地域の観光マップです。

依頼があれば地図の学習につながるので引き受けています。

下地の地図はタウンマップコンクールで文部科学大臣賞に輝いたものです。中央が切れている地図で、織り込んで行くとポストカードになるものです。

さて、スイーツを考えてください。商品企画を手伝ってくださいなどなど、いろいろな甘い話が舞い込んできます。もちろんこのチームであればできないことはありません。きちんと成果を出せると思います。地図がその証です。でも、わたしたちの本来の専門領域ではありません。わたしたちの学びを活かしたモノで挑むことが最大の強みとなるのです。餅屋は餅屋だと思います。

4　プレゼンテーションのポイント

わたしたちはこんなふうに

この章では、わたしたちが実際にどのようにプレゼンをつくり上げていったか、またプレゼンづくりのコツをまとめてみました。

次の①〜㉒は、プレゼンテーションに限った作業の流れを表しています。

わたしたちの場合、できる限り改善などは即対応する、というゼミの原則があるので、ゼミの時間はすべて改善や分析に使いました。ですので、①〜㉒までに分類した実際の作業は、全員で分担しながら、ゼミ以外の課外の時間に行いました。

ポイントはスピーチからプレゼンテーションに切り替えていく所です。スピーチは自分の思いを語ることとすれば、一方のプレゼンテーションは説得です。ですからゼミでは、まず人前で自分の気持ちを語るトレーニングから入ります。

①発表者の選定

ここで活きるのが普段のゼミでの発言や行動です。適正を自分たちで判断していきます。

②発表者が粗原稿を作る

まず、はじめに自分はこんな感じで伝えたい、というような原稿を発表者が書き上げます。以後、発表者が原稿を書くことはありません。

③スピーチを行う

メンバーの前でスピーチを実際行ってみます。この時点ではうまくできませんし、うまく話す学生は周りに大勢います。

④スピーチを観て聴いて　パワポ班がスライド案を組み立てる

スライドの構成案を作りメンバーと共有します。

⑤マーケ班が推敲する　文書表現のチェックや要約を行う

ここまで発表者は自分の原稿は自分で手直しますが、別のチームが原稿を推敲していきます。一見無駄なように見えますが、「それいいね」など、第三者ならではの気付きがあります。

⑥スピーチを行う

完成度85％程度を目指します。

⑦スライドと合わせてスピーチ

ここからスピーチからプレゼンテーションに移行していきます。ここが1つのポイントです。

⑧原稿の推敲

ここからは原稿はマーケ班が推敲します。発表者は発表に集中していきます。

⑨スピーチを行う

スピーチを完成させます。

⑩原稿推敲とストーリー性を組み立てる

マーケ班はストーリー性を意識しながら推敲していきます。

⑪スピーチからプレゼンテーションに変更　役割の修正　まだ原稿は手元に

ここから新たに必要な仕事が発生するため組織変更を行います。

⑫プレゼンテーション　タイム入る　原稿読み60％に修正

原稿を読まなくしていくことで、次第に原稿を手に持つこともなくなっていきます。

ここからタイムキーパーが時間配分をチェックしていきます。また原稿は手元に置いていますが、40％程度は自分の言葉で伝えるように修正していきます。

⑬プレゼンテーション　ジャッジ入る　原稿読み30％に修正

ジャッジが入ります。初期の段階から評価することを体験しているため、その経験が評価のポイントをきちんと捉えることができます。

⑭プレゼンテーション　質疑応答入る　原稿読み10％に修正

⑮プレゼンテーション　録画入る　以後録画でチェック　原稿は読まない

録画を取り動画でチェックします。ここから原稿を読むことはありません。ただし原稿は手元に持たせています。

⑯発表者は原稿を自らの言葉に修正

ここからは原稿は持ちません。また自分の言葉を意識して説得していきます。

⑰プレゼンテーション　会場環境設定　同様な環境で行う

ジェスチャー担当者が細かく指導に入ります。この担当者もメンバーの学生です。

また、できるだけ発表場所と同様な環境で行います。大事な発表の場合は会場視察を必ず行っています。

⑱プレゼンテーション　外部者よりジャッジを受ける

わたしたちは教職員の方や企業の方にお越しいただいています。

⑲リハーサル↓改善

ここからは本番を意識して行います。

⑳リハーサル↓改善　公開リハーサル

実際に、本番と同様な発表を学内で公開して、意見をいただきます。⑰と基本的に同様ですが、環境などすべてにおいて本番を意識している点が違います。

㉑リハーサル↓改善

㉒本番

わたしたちはこのような流れでプレゼンをつくり上げていきました。そのときのメンバーの状態やチームの性格で若干前後したりしますが、ここ数年はあまり変えずに行っています。そのときによって作業を変えない部分と変える部分を学生にきちんと説明すると「そうなんだ、こうやれば何とかなるんだ」というように自己効力感につながっていると思います。

チームインタビュー――各役割ごとのポイント

■プレゼンテーション班

――発声練習のコツはありますか?

綾　乃「口を大きく開けてはっきりと。あ・い・う・え・お、とかです。でもわたしは半分は緊張感を和らげるためでした」

――第一印象が大切とよく言われますが、プレゼンテーションの場合どこを意識して行っていますか?

真梨子「第一印象はとても大切です。印象はその人が持つすべての情報ですから、身だしなみはもちろん、聴衆が受け入れやすいコトを考慮することが重要です。声に絞ってお答えすれば、特に第一声は大切です。普段より少し大きな声で、少し高めのトーンを意識するといいと思います。そして元気よくです」

――発表しているときの視線はどのようにしていましたか？

智納勢「視線は1点を見つめるのではなく、いろいろと変えていました。具体的には、上から左、そして右へと意識していました」

――プレゼンテーションで話す速さは関係ありますか？

莉　子「話す速度はふだんよりゆっくりめがいいと思います。わたしは普段でも早口なので、特にゆっくり間をとって話すことを意識して行ってきました。緊張すると早口になるので、このゆっくり話すという気持ちがちょうどいい速さになると思います。

句読点で間を空けるか、段落か、次の展開のときとかシーンはいろいろ考えられると思います。思い切って3秒ぐらい空けてみると何か発見できるかもしれませんよ」

――あがり症なのですが あがらない方法はありますか？

綾　乃「残念ですが、あがり防止策はありません。十分な準備がいちばんです」

――練習方法はどのように行っていたのですか？　特殊訓練などもありましたか？

真梨子「特殊訓練ですか？　ミッション：インポッシブルみたいですね（笑）。練習法の1つに、122ページでご説明したデッドゾーンという名前のトレーニングがあります。わたしたちが『中央でぐるぐる』と呼んでいるものです。周りの人全員にアイコンタクトを意識しながら、自分の死角を作らないようにします。最初とても緊張しますが人を意識して話すトレーニングとして役立ちます」

――質疑応答のコツを教えてください。

真梨子「次の4点が重要です。
①質問は最後まできちんと聞いてから回答
②質問を引き出してきちんと答える
③質問に回答するときには「〇〇がお答えさせていただきます」と一言添える
④質問がでた場合、発表者同士相談などはしないように回答する
また2名以上でのプレゼンテーションの場合はたがいにアイコンタクトで合図したほうがいいと思います」

——その他、プレゼンで大切だと思ったことを教えてください。

智納勢「健康管理、特に喉が枯れないようにする」
「周囲のアドバイスは真摯に受け止める」

綾　乃「プレゼンテーターは華やかで派手な役目だけど、みんなの代表であり、顔のようなもの。側でフォローしてくれているメンバーあってのものだと意識すること」

真梨子「本番の緊張を和らげてくれるのは練習と自信」
莉　子「日常生活から発声練習。わたしはバイト先でも語尾を強くいうことを意識して習慣付くようにしました」
智納勢「原稿の丸暗記はＮＧです。キーワードをつなぎ合わせて覚えるとか、一言一句覚えても本番で必ず飛びます！　わたしのように（笑）」
聡　美「身だしなみは清潔感を大切に」
莉　子「きれいに伝えようと思わないこと」
真梨子「他のプレゼンテーションや読み聞かせの動画を見る」
美津紀「文のはじまりと語尾をしっかりと言う」
綾　乃「伝えたいキーワードは特にしっかりと。文に抑揚をつけて話す」
莉　子「間の取り方を工夫する」
真梨子「聴衆を飽きさせない工夫を常に考える」
聡　美「原稿作成のときはいかにわかりやすいかを重視。相手が聞きたいことを心がける」

莉　子「聴衆の顔、反応、資料は正しく見ているかなどを確認しながら進めていく」

■パワーポイント班

――スライドを作成するにあたって気を付けていたことはありますか？

祐理子「できるだけシンプルに、主張したい箇所を強調したスライドを作成していました」

――わかりやすくするためには、カラフルなスライドのほうが見やすいですか？

奈　美「色をたくさん使いすぎてしまうと逆にとてもわかりにくいので、各ページの配色はできる限り統一したほうがいいと思います」

――スライドの文章が見やすくなるコツはありますか？

由希子「スライドで使う文章は体言止めにするとシンプルで見やすいですし、説得力がでます」

――グラフがあったほうが見やすいですよね？

奈緒美「多用しすぎても逆効果です。スライドで使うグラフなどは図解で示すメリットをよく考えて使いましょう。また図表の種類別効果も考えてください」

■マーケティング班

――用いる言葉について、何か心がけておいたほうがいいことはありますか？

美津紀「わかりやすい言葉遣いです。しかもはじめて聴いた人でもわかるような言葉を選んでいました。最初は専門用語など結構多様していたのですが、全体を硬いイメージにさせていました。また、体言止めなどを多く用いたことで文章がスリム化され、さらにわかりにくくなりましたので、一般的な言葉遣いに変更しました。伝えたいことを効果的に伝えるには苦労しました」

――印象に残るプレゼンテーションとはどんなプレゼンテーションですか？

雅　美「できるだけシンプルなストーリー性を用いたプレゼンテーションです。たくさん伝えたいことがありすぎて情報過多になりがちですが、それでは伝えたいことが印象に残りません。シンプルに、そして起承転結の流れを用いることでストーリー性がさらに増します。そうすることで、聴衆者の記憶に残る最高のプレゼンテーションとなります」

──プレゼンテーションにおいて大切なことは？

聡　美「聴衆が何を求めているのか考えてプレゼンテーションを行うことです。一方的な語りは相手の心に響きません。プレゼンテーションはホスピタリティ、相手の立場に立って考えることが大切だと思います」

──プレゼンテーションメンバーはどのように決めたのですか？

雅　美「プレゼンテーションは伝える人によって印象や捉えられ方が異なることがあります。プレゼンテーションの内容に応じてその人の持つ印象や声のトーン、話し方を考慮したうえで決めました。長年一緒にいるメンバーなので自然と適性はわかりますし、大外れしたことはありません」

■ジャッジ班

――どういう基準でジャッジをするのですか？

好　未「プレゼンテーションの内容からパワーポイントの使い方、話し方・動作・仕草、そして時間配分などの評価項目が基準となっていました。過去の大会データを分析すれば、本番とそう変わらない審査項目ができあがります。それを参考にわたしたちはジャッジシートを作り、練習を行うたびに5段階で評価をして点数を見える化していました」

――友達に対して厳しいコメントをするのはつらくなかったですか？

聡　美「わたしたちは活動するうえでは友達ではなくチームの一員です。ときには『覚えてないね、練習してないでしょ』ときつい一言も言います。しかしわたしたちが目指すのは最高のパフォーマンス。厳しいコメントもチームのためです。心を鬼にして取り組みます。一生懸命行っている発表者のためにも、言うことはきちんと言うようにしていました」

■コーディネーター

――プレゼンテーションをするときの立ち位置はどうしたらいいですか？

奈緒美「スライドに向かって右側に立つとスライドに被らないのでオススメです。特に指示棒や手で指し示す場合は意識するといいと思います。なぜかというと資料等は一般的に左から右に書かれていますね。左に立ってしまうと、指示棒や手で指し示しながら話をするときに、文字やスライドが発表者の体に被っていくことになってしまうからです」

――身だしなみはどんなことを気を付けたらいいですか？

奈緒美「身だしなみや姿勢は基本中の基本です。普段から気を付けてください。プレゼンテーションの時はスーツでなくてもいいと思います。**聴衆者に良い印象を与**

える服装であれば何でもいいと思います」

――表情について気を付けることはありますか？

莉　子「緊張すると笑顔はなくなります。常に笑顔を意識してください。鏡の前で笑う練習もいいですよ」

――発表時の手の位置がわからず落ち着かない場合はどうしたらいいですか？

智納勢「身振り手振りは自然に、両手に何も持たない状態でまずは試してみてください。手は握りしめないでタイミングをはかって開くと効果的です」

■その他のポイント

――それだけ準備をしていても、なにか予想外なアクシデントはありましたか？

好　未「発表中にレーザーポインターが反応しなくなったり、マイクが切れることがありました。機器類などは何が起こるかわかりません。ダブルチェックを徹底しましょう」

――プレゼンテーションは、スピーチとは異なりますか？

真梨子「プレゼンテーションは説得です。そして資料に沿って行われます。一方のスピーチは、本音の語りに軸が置かれます。なので、パワーポイントなど視覚的なものを使わない場合があります。

ただしわたしたちはスピーチとプレゼンテーションは重なり合うところがあり、まったく別物と区別する必要はないと思います」

――プレゼンテーションに関する、おすすめの本はありますか？

由　貴「すみません。特にありません。でも〝10分で覚えられる〟や、〝世界一簡単〟とかいうプレゼンテーションの本はすすめません。無理なので」

――どんな機材を使うのですか？

好　未「PC、プロジェクター、ビデオカメラ、音響設備などを扱います」

――機材に関して困ったことはありますか？

好　未「やはり機械ですので突然動かなくなるなどの問題は度々起こります。そういったときは焦らずに対応することが大切です。普段からＰＣやその他のＡＶ機器などについて学んでおくといいですね」

浮田先生のポイント③「プレゼンテーションを鍛える授業」

２年のゼミは、初回からスピーチ、発表と実践特訓で大変です。人前で何らかの発言を行う箇所を太字にしてみました。何回あるか数えてみてください。授業１回はたったの90分ですが、かなり濃密な内容になっています。これが15週続きます。

このゼミで最終的にどの程度プレゼンテーション技法とファシリテーション技法を身に付けられるかを1～10点で表すと、6点程度まで技法を学び取ることができます。

この6点を表現するのは難しいですが、一般大学生と比較すればスピーチ力、プレゼンテーション力、ファシリテーション力はAA程度の成績なので、相当高いものです。また学習効果として、要約技法、文献検索、引用法、および一般教養力を鍛えることができます。

ワークショップでグループからチームへ

狙いは、1人で考えた場合の低い正解率を、チームで考えることで正解率を高める体験です。グループワークは次のように行います。

はじめに

・チームの人数は5名から無限です。

・ルールをしっかり伝えれば極端にいうと500人でも可能です。
・しっかり伝えるためにはある程度の緊張感を持たせることが大切です。
・授業のはじまりはしっかり起立礼を行います。規律性は組織運営にも影響してきますので、初期段階でしっかり認識させています。
・まず授業のはじまりに自分の気付いたことを3人程度選び**スピーチ**させます。

気付きの**スピーチ**なのでテーマは何でも構いません。**スピーチ**が終わったらタイムを伝えます。だいたい1分30秒くらいが多いようです。2分以上話すのは大変なことを時間的な感覚として自覚させ、話す内容を上手に構成しないとうまくいかないことを初期段階で体験させます。

ステップ1

・参加者の気持ちが少し和らいだことを確認し、次のステップへスタートします。

・ある図形を10秒間だけ見させます。

真剣に情報を得ようと教室に緊張感が漂います。私語や、勝手な行動を阻止し、見ないとミスにつながることを知るという効果があり、一種の集中力の養成です。

・ここはアイスブレイクの図形を使います。9点つなぎ、三角形づくりなどいろいろありますので素材には困りません。大学生であれば、この程度の問題ならしっかり作ることができます。わたしはいくつかのワークを上級生に作らせています。

・「時間は10秒間、しっかり見てください。人間の記憶はあてになりませんよ。はい10秒経ちました」という感じに行います。ここでも記憶はあてになりません。10秒しかないということで緊張感を高めます。

ステップ2

・いまの図をノートに描いてもらいます。「ここまで」という終了時の発声をやや高めにし、緊張感を持続させます。
・10秒間見せた図に関して答えを1人で考えさせます。時間は3分程度です。
・時間がきたら、「やめ！」ここもやや大きめの口調で終了させます。
・ここで少し緊張感を解いていきます。

あまり緊張感が強すぎると、次の**発言**に対して気後れしてしまう生徒・学生がでるからです。

ワークショップとは参加者の考えなどを効果的に引き出すための授業です。緊張感を高めたり、ゆるめたりして教室を活性させなければなりません。この緊張感を解いたり与えたりするタイミングがなかなか難しいですが大切なポイントです。

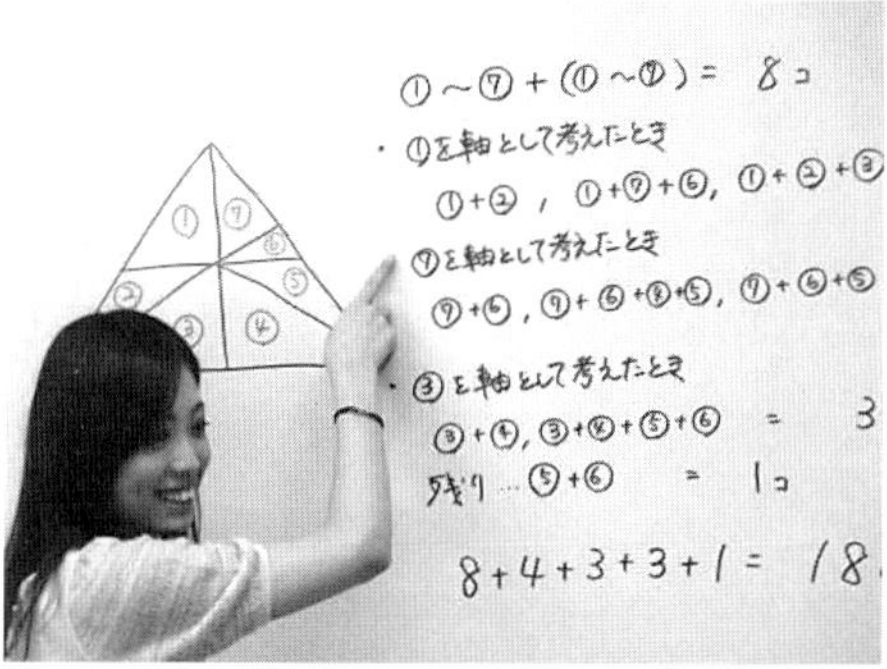

△ワークの写真です。学年によってかなり表現の仕方が違います。

・このワークは数学ではないので、答えの正解を求めるものではありません。したがって、自分が何でその解になったのかを思いのままメンバーに**伝えてもらいます**。

・このように間違いは問題ではないことを伝えることで緊張感をほぐしていきます。

ステップ3　「グループワーク」

・次に、5人程度のグループに移動させます。

この際、ただ分けるのではなくアイスブレイクを使っています。わたしは物語カードを使います。このカードは5枚で1つの物語になっていて、続きの物語カードを持っている人を探し、5枚を組み合せて物語を完成させて**発表し**着席します。

・グループワークのルールは3つです。

①「わかりやすく」**伝える**努力をすること

②人の話をよく聴くこと
③時間が10分であること
・それでは、自分の考え方と答えをグループ内で**発表して**もらいます。
時間は10分です。
・このとき観察ポイントがあります。
「リードしている人がいるいないか」です。

いる場合はリードの仕方に注視する。うまく進まないようなグループがあればできるように操作する。この場合あくまでも、グループが主体的になるようなサポートを心がけています。つまり、意思決定は参加者というスタンスです。

このようなカードを使い話を組み合わせて行くワークを行っています。

・初期段階は残り時間を告げて時間配分に気付かせます。残り時間3分などと告げます。
・これでメンバーがそれぞれの導き出した答えがわかります。

ステップ4 「集約」

グループでよく**話し合い**、正しいと考えた答えを出させます。
・ルールは次の3点です。
①集約するときは妥協しない。みんながそうならいいよではなく、わたしはこう考えるからこうなるとき**きちんと主張する**。ただしケンカはしない
②後に集約した結果を**代表者が発表する**
③時間は10分
・「わかりましたか」と声をかける。ここできちんと伝わっているのか、確認の意味でわかりましたかという一方向的な言葉を用いて反応を観察します。順調に操作できていれば全員からハイという発声があるはずです。

以後、この反応観察は、
わかりましたか↓いいですか↓いいかな↓ＯＫ↓と変化させて、指導教員との距離を狭めていきます。

前期終了時には、わたしは「さあやろう」と言っています。
これにハイと自然に発声していれば、指導教員とチーム間に双方向性が確立できていると考えていいと思います。ここは重要な観察ポイントです。

ステップ5 「発表」

ここまでの観察ポイントはワークの進め方です。どのような方法で集約しているのか、例えばＫＪ法のようなものから、リード者が現れ仕切っているなどさまざまです。この時点では異なる答えを持った学生がいると、その学生は必死に説明しなければなりません。

・では、いよいよ**発表してもらいます**。ここでは答えが何であったかだけを情報共有します。
・時間がきたら「はい時間です。今日はここまで」とします。
・最後に次回までの課題を伝えます。
・いま各グループが発表した答えを次の授業で全員にわかりやすく**説明してもらいます**。何を用いても構いません。方程式でもいいし、図解でも結構です。発表時間は4分以上5分以内で、質問にも答えること。
さらに質問と評価をする係り、ジャッジを各グループから1人ださせます。
いかに工夫しているかを判定してもらいます。
・いいですか→ハイを確認し、起立礼で解散します。
・最後のポイントは、グループワークを助長するため、あえて課外を設定します。
つまり、どこかで集まって行う必要があるということです。完結させないで次の授業へつなげることがポイントです。

いかがでしょうか。無理に発言させるのではなく、発言の機会を作ることで発言が助長されます。

2回目以降のポイント　「上級生を観る」「視覚効果」

2回目以降のポイントは2つあります。

1つ目は1回の授業で完結させせないことです。グループワークの機会を多く与えることで自己理解や他者理解が生じ、コミュニケーションが助長されます。

これはグループからチームへ移行するときに大きな力となります。また考えて発言する機会が多く組まれているため、参加者は気付かずにファシリテーションとプレゼンテーションの基礎を学習していきます。

2つ目は視覚効果です。実はこの授業はわたしだけで行っているのではありません。

アシスタントがいます。4年生です。ファシリテーションとプレゼンテーション技法を完全にマスターした上級生が実際行って、観せて、受講生の観察対象になっています。

基本的にすべてのワークに対して下級生は上級生の方法を観察します。その差に最初は圧倒されますが、技法なので方法さえ学べば不可能ではないことがわかります。そうすると積極的に真似るという行動を取りはじめます。

ここがポイントです。というのも、このゼミでは、課外が毎回あります。毎回ですから、つらい、逃避、となるかもしれませんが、同じ学生でそれもゼミの先輩たちが実際成果を出し、社会から評価されていることを見ることで、「わたしにも」「わたしたちにも」という肯定的な行動につながります。この肯定的理解が課外活動を活性させています。

また、この活性化した気持ちが次の授業準備に連動し、様々な工夫が生まれ、「だんだんわかりやすくなってきたね」「なるほどそうなんだ」「体言止めはいいね」などなどＰＤＣＡが回り、他者から見て良くなっていることを見える化できると共に、優良な変容につながっていきます。

2回目以降の進め方

2回目

今日の気付き（スピーチ）を3名程度からはじめる。各グループから発表し、次の文章題のワークを行う。同時にふりかえりシートも記入し、次回に発表する。

3回目

今日の気付き（スピーチ）を3名程度からはじめる。各グループから発表し、次のディベートについて説明する。ふりかえりシートを記入して次回に備える。

・ディベートはこんな感じで行っています

対戦相手5名vs5名・ジャッジ5名・参考人5名、だと20名です。全員がなんらかの発言をする役割を担っています。

4回目

今日の気付き（スピーチ）3名程度からはじまり、ディベート1回戦。

ふりかえりシートを記入して次回に備える。

5回目 今日の気付き（スピーチ）3名程度からはじまり、ディベート2回戦。ふりかえりシートを記入して次回に備える。

6回目 今日の気付き（スピーチ）3名程度からはじまり、ディベート3回戦。ふりかえりシートを記入して次回に備える。

7回目 ディベート上級生との対戦。

8回目 企画書に関する学習。ふりかえりシートを記入。

9回目 企画を構想してみる。

10回目 構想を上級生に発表する。ジャッジあり。ふりかえりシートを記入。

11回目 カイゼン。ふりかえりシートを記入。

12回目 カイゼン案発表。プレゼンテーションを意識させる。

13回目 カイゼン。ふりかえりシートを記入。

14回目 上級生にプレゼンテーション。ジャッジあり。ふりかえりシートを記入。
15回目 レポート。企画コンテスト準備。
16回目 企画コンテスト。グループ対戦、2年生対3年生とか。4年生がジャッジ。

いかがでしょうか。学校で学習活動の1つとして行った場合の事例です。観せるには学習効果があることがいままでの観察でわかっています。ということは観せられる、観せて参考になりうる、人づくりにつきるのかもしれません。

発刊によせて

プレゼンを通して育むアクティブ・ラーニング

福岡女学院大学人文学部教授　伊藤　文一
（元公立中学校校長）

飛躍の前には大いなる助走がある（準備）

学生一人ひとりの表情や姿からゼミの学生の本気さ、真剣さが伝わってきました。チーム一体となって入念に準備している姿が印象的で、「チームで最高のものを創る」という強い意志を感じました。朝早くから夜遅くまで妥協をしない姿がつぶさに見られました。見ているわたしも感動してしまいました。

先輩への憧れがある（学生を動かす原動力）

多くの実績から、先生や先輩への憧れや敬う力が原動力だったように感じました。ああいう先輩になりたいと思っているようでした。

日頃からの絶え間ない研究や実践が積み重なった自信が根拠となり、それに続こうという思いがチームの力になっていたと考えられます。

多くの実績（自信の継承）

聞く、話す、書く、読む、この四技能が日頃からしっかり鍛えられていました。そのため本番でも自信を持って発表していたように思いました。しかもフォローの体制がしっかりしているようで、安心して発表に臨んでいました。応援の学生のマナーも抜群でした。

一人ひとりがよいものを創ろうと心が一つになっているようでした。

社会人基礎力をベースにしている（これからのこと）

先生と学生が一体となり、やる気を出させる手法が随所にちりばめられていました。これは、常にイノベーションをかけ続けているということです。

プレゼンテーションが育む社会人基礎力

福岡女学院大学キャリア開発教育センター・進路就職課長兼
「みらいプロジェクトの仕掛け人」　吉松　朋之

このゼミのプレゼンテーションがうまいというのは、実際に見聞きした人たちのほとんどがそう思い、口にするのではないでしょうか。

これは、プレゼンテーションにおける「バーバル」「ノンバーバル」「スライド」の要素を見て、つまり声の大きさや言葉使い、身振り手振りといった態度や視線と目力、シンプルでわかりやすいといった、見た目や印象的な評価によるところが一般的には大きいと思います。

先生からこのお題を与えられたときに、ひたむきにやっている当事者のみなさんたちに狙いがあるのは当然としつつも、出会う人からどう見られ思われているのか、その本音を知りたいという考えに共感を覚えました。

それはわたしが人を成長させてくれるのは出会いであり、出会う人が自分は何者で何をすべきかを教えてくれるといつも信じているからです。

一言で言えば、その日その瞬間のために、どれだけの想いをこめて、どれほどの準備をして、どれほどの人たちと関わってきたかがよく伝わってくるプレゼンであると思います。世の中で活躍して人から慕われるような社会人ならば、みなさんそう理解できるのではないでしょうか。

広辞苑には「うまい」という言葉に「手際がよい」という意味が掲載されていますが、「うまさ」は単なる見た目ではなく磨かれた内面が段取りから、またそこに人や心の成長が表情や声から伝わってきます。そう感じられるだけでなく、向山洋一著『授業の腕をあげる法則』にある趣意説明の原則（話と趣旨、目的をはっきり）、一時一事の原則（一度に複数のことを言わない）、簡明の原則（指示・発問は短く限定的に）に則っている「手際のよさ」がうまいと思わせているのではないでしょうか。

このゼミのプレゼンは意識や計算された部分と、経験や積み上げの過程で意図せずに生み出された部分という2つの要素によって成り立っているとわたしは見ています。限られた時間内で提案型のプレゼンテーションを行う場合、現状分析とソリューションの要素も当然ですが評価対象になります。

【現状分析】

論理構成（理由と主張の関係性）：主張を支える理由と論理性

裏づけ（理由と裏づけの関係性）：ヒアリングとアンケート活用（一次データと二次データ）

【ソリューション】

ソリューションの構成：ニーズを満たしているか、イメージできるか、現状分析に対応しているか

メリット：メリットの大きさ、メリットの起きるプロセスの明確さ

新規性及び優位性：具体的なメッセージ

これらを満たすために、ゼミ生たちは自分たちの活動に対して、ＳＷＯＴ分析（strength・weakness・opportunity・threat）を用いて内部要因と外部要因を軸にしながら、仮説と検証を行っています。

強みと弱み、機会と脅威といった良いものと悪いものに分けて分析するわけですが、シンプルなだけに入りやすい分、深く進めていく中では難しい場面も出てきます。

ところが、自分たちで主体的に提案していく中で、人を喜ばせたいという気持ちが強い彼女たちは、「誰のために」「何のために」ということを強く意識していきます。

ここから、活動に顧客と競合という要素も加えるようになっていくことにつながる、いわゆる３Ｃ分析（customer・competitor・company）へとつながっていきます。

現役の女子大学生という制約もあり、実践前の提案段階にとどまっていることから、結果として差別化のための独自性や資源のチェック、現実性については課題を残しているものの、活動の中で先人たちの築いてきたビジネスモデルに気付き、発見に喜びを感じその経験が次へのより良い準備につながっています。

活動は班をいくつかに分けてゼミ長を中心に組織的に行われていて、議論も真剣で白熱しています。

県レベルで見れば平均な高校出身者の多い彼女たちが、名だたる大学を抑えて、2015社会人基礎力育成グランプリの準大賞の座を射止めたことは評価されるべきです。

自分の責任を果たす、そして同じ想いをもつ仲間たちとチームで得るこの2つの喜びのために、互いに尊重し支え合いながら、ときに衝突から生まれるものもあることを信じていく姿勢が行動を持続させ、伸びしろのある成長のエンジンとなったことでしょう。

これは指導教官である浮田先生の「任せる」という行為によって、彼女たちの行動がうまくコントロールされているという面を見過ごしてはなりません。任せてもらえるということには喜びとともに緊張感が伴います。

気に入ったお店で接客担当者の名前を覚え、次から利用するたびにその担当者を呼んでその人のお任せで注文すれば、3回目には常連のように扱われる。行きつけの料理屋を作る方法として聞いたことがあり、わたしもよく試してみるのですが、店の担当者が喜ぶだけでなく、それは真剣にお勧めを考えてくれます。

この任せるという行為にはただ丸投げではない明確な目標を与えられているという関連性が必要です。

知識を教授して自信を持たせることで、起こす行動がここでもまた経験となり、次へのより良い準備につながっていく。文系女子大学だからこそ、あえて無形の課題や目標を与えて、任せ、我慢しながら道筋を示唆し、描かせていく。

「今の若者は答えや目安を欲しがり、与えられたことはそつなくこなすけれど、工夫やその先に考えが及ばない。だから人をつなぐことができない」

企業サイドの声を知っているからこそ、浮田先生は経験させれば伸びると信じる学生たちの「場」を作っているのだと思います。

また、ほんとうにいまやっていることがイエスなのか、浮田先生は繰り返し学生に尋ねています。この逆転発想と着眼点が議論を深め、オリジナリティを高めていきます。「物事に集中して取り組むという意味を多くの人が誤解している。君が集中して取り組んでいるものにイエスということがすべてじゃないんだ。そこにある沢山の良いアイデアにノーというんだ、集中して物事を見るんだ」とスティーブ・ジョブスは言っています。

ゼミ活動やプレゼンは人生におけるプロセスでしかないという意識は、自信＝自分を信じて、突き抜けてやろうとする学生たちの姿勢に表れています。

また、最近のプレゼンからは、無形のものを扱っているからか、消費行動モデル「ＡＩＳＡＳ」（Attention・Interest・Search・Action・Share）に沿った展開になっていることを興味深く感じています。

経済産業省が２００６年から提唱している社会人基礎力にある３つの能力と12の能力要素である

・前に踏み出す力（主体性・働きかけ力・実行力）

・考え抜く力（課題発見力・計画力・想像力）

・チームで働く力（発信力・傾聴力　柔軟性・情況把握力・規律性・ストレスコントロール力）

についても、活動において念頭に置かれているわけですが、12の能力要素を対人基礎力、対自己基礎力、対課題基礎力に分けると、そのほとんどが対人基礎力、対課題基礎力に区分され、対自己基礎力としては主体性のみがあげられるだけのように思えます。

個の強さも求められるゼミの活動では、これまで触れてきた通り、自信創出と行動持続という対自己基礎力も結果として身についていきます。

ゼミのプレゼンがうまい理由、いま一瞬に感じるこの事実は、背景や要素が幾層にも織り重なり、そこにはいつも人から、そして心からという想いがあることで感じられると信じています。

おわりに（ストレッチ）

浮田英彦

最後は恒例の彼女らの20年後を想像して書いてみようと思います。
以下は、わたしがこの本の学生の未来を考えて、「こうであったら幸せだな」と、思ったことをフィクションで書き上げたものです。想定は２０３５年頃。ゼミ学生が母親となり……という場面です。

わたしは相変わらず、６時に起きて、娘のお弁当を作りだして、その残りで主人のお弁当を作り、７時半に２人を送り出し、ダッシュで掃除と洗濯をして、８時半に家を出て職場に向かう生活を続けている。いかにも短調でつまらない生活のように感じるかもしれないが、娘の成長や、この頃高くなったと思ったら急に安くなったりする野菜の値段など、日々変化を感じながら生活しているので結構刺激ある日常と思っている。

今日は15時あがり。

夕食のメニューを一つ増やしてみようかな、などと考えてみた。

夕食の準備をしていると、娘が帰ってきた。今年小学校6年、それなりに頑張っていると思う。わたしは、あまり娘のことに、介入しないで主体性を大事にしている。

ばたばた走って帰ってきたところを考えると、テストの成績がよかったのか。第二外国語のスペイン語で褒められたのか、そんなところだろう。

「おかあさん、わたしプレゼンテーションするの」

「エッ――、プレゼンテーション？　何の？」

「ほら、学校の周りに使っていない空き地がいっぱいあるでしょう。それをどうするかってことだよ」

近年、住人が減って空き地が目立っている。

「あぁ、あのことね。そういえば夏休みに皆で調べていたよね」

「そうそう、いまクラスの中で10人1チームになってて、だから、3チームあるんだよね。

うちのチームは、この空き地をどうすればいいかを調べてプレゼンテーションするの」

「むずかしい課題だね。PBLだね」

「なにそれ、PBLって」

「あぁ、少し難しいかもしれないけれど、与えられた課題をどう解いていくかという方法のことなの」

「すごい！　方法があるんだ。なんでおかあさん、そんなこと知ってるの」

そうか、あれからもう20年近く経つんだ。わたしは、最高のプレゼンテーションを行ったことがあった。それも仲間と共に、歓喜に満ちたことがあった。

「おかあさん、わたし人前で話すのとても苦手。不安だからやりたくないの。

でも皆がわたしに押し付けるの、リーダーにさせられたの」

「そうか、いいこと教えてあげようか、おまじないだよ。必ずうまくいくから」

「それじゃ、夕飯食べて、宿題が終わったら、おまじないの話してあげるね」

主人が帰ってきた。

「おかえりなさい」

「あれ、何してんのかな」

「プレゼンテーションのおまじない」

「ホー、プレゼンテーション。そういえばおかあさんが若かったころは、企画部のエースだったもんね。プレゼンテーションはピカイチだったんだよ。なんであがらないでうまく話せるんだろうかって、おとうさんも感心したな。たしか大学のときいろいろ賞とったんだよね」

「エーッ、そんなこと全然しらないよ！　おかあさんすごいんだ」

企画部から異動の申し出は自分から行った。理由はプレゼンテーションを個人技のように扱って、わたしの負担は増すばかり。負担はやりがいと感じていたので苦ではなかった。しかしこのままでは他の人が育たない環境になってしまう。わたしの方法を採用すれば的確に手法を伝えることができ、その力を部として維持できると実施計画書まで出したが、徒労に終わった。うるさい女子はもうこの部署に必要ないと思い、転属願いを出して、いくつか配転をしていまの総務にいる。プレゼンか。懐かしいな。

「昔ね、大昔。いまは総務のおばさんよ」

「企画部は何度も戻ってきてほしいと言っていたのに、もったいない話だな。俺なんか絶対企画部になんかに呼ばれないよ。企画部はエリートだもんな。わぁ～、今日の夕飯は特別にうまそうだね。なんかあった」

職場結婚なので、主人はわたしの事情をよく知っている。プレゼンテーションは個人技じゃない。チームプレイ。製品をきちんと説得するには能力が必要だ。そして企画課員のプレゼンテーション力を養うことで製品訴求力が増す。でも人が行うプレゼンはこのごろ、日々進化する電子機器に押され気味。聴衆は昔と変わるわけがない人だから、人の言葉が意思決定に当然影響する。

言葉の力をもっと信じるべきだと思うが、最近のSNS上でのビジュアル効果とあわせてロボットがプレゼンを行う時代になった。

人の言葉はいまや過去のものなのか。


「パパはご飯一人で食べてもらって、あっちでおまじないしようか」

「めずらしいな、ママが勉強見るの。もしかしてはじめて?」

確かに、娘の勉強はわたしから進んでみたことはなかった。自分のことはできる限り自分で解決するのが主義。でもなぜかプレゼンテーションという言葉に刺激されて手助けしようとしている自分に興味がわいた。

「みんなからこんな意見がでたの。映像に音声を吹き込んで映画みたいなのを作ろうとか、ロボットと一緒にやれば面白いとか、いろいろ」

「先生はなるべく自分の言葉で発表してくださいって。やだな、人前で話すのなんて。誰も聞いてくれないよ。ロボットのほうが面白いし」

「そうか、先生は自分の言葉でって言ったんだよね、それじゃね。友達の○

さんと○さんは同じチームって言ってたよね。３人で分けて話そうか。残りの人も参加できるように係りにつけてみようね。

……話すポイントは、学校の周りの空き地にお花がいっぱい咲いていて、きれいだから、わたしたちが気持ちよく学校に行けるというみんなのための提案。話すときにはゆっくりね。そしてみんなに見てもらったりして練習だね。2週間あるからだいじょうぶよ。これでおまじない終わり」

アナログだなと思ったが、それにこだわる自分がいた。この方法が正しいのか自信はない。しかし人は人の言葉で動かされるといまでもそう思う。

「おかあさん、これで本当に大丈夫なの？　本当に」

「多分ね」

「エッ、多分？」

「ねぇ、おかあさんと一緒に頑張ろうか。おかあさんも、もう一回会社でプレゼンテーションしようかな」

20年前の喝采がよみがえったような気がした。

わたしの本の最後はお決まりの妄想です。

御礼の言葉で締め切った方がいいのかもしれません。

さて、一体誰に御礼なのか。よくよく考えると奮闘した13人に対してに至ります。というかいつも至る先は登場チームです。だから彼らの未来に幸多かれと精魂込めた妄想になります。

近頃、機械と対話する若者が増えている、というか、すっかり大人も（高校生が使っていた大人に対する表現）その仲間入りをしています。今後、言葉や文章で伝えるということが薄れていき、人が行う、聴く人によって感じ方が違うという不安定極まりないプレゼンテーションなんて過去のものとなってしまうのでしょうか。

技術の進展からよりビジュアルに比重が置かれていくのかもしれません。彼らが20年経った時代では、いまはない職業が多く出現しているでしょう。ロボットがいつもきちんと間違いなく、同じことを同じようにプレゼンテーションしているかもしれません。そこには不安定さは皆無です。

しかし、不安定だからこそ、ときには傑作が生まれるのかもしれません。ロボットのプレゼンテーションを聴いて涙することはないと信じたいと思っています。

【資料】

「社会人基礎力」とは、変わる社会の中で、教育のあり方を、問い直すために生まれた力の捉え方です。2005年経済産業省において、企業の経営・人事担当者、教育関係者、NPO、行政など、産学官の有識者を集めた「社会人基礎力に関する研究会」が発足し、昨今の人材育成に関わる課題、とりわけ若年層に不足が見られる「仕事の現場で求められている能力」について検討されました。そこでは、共通項として浮かび上がった「人との関係を作る能力」「課題を見つけ、取り組む能力」「自分をコントロールする能力」を軸に議論が進められ、翌2006年に「職場や社会の中で多様な人々と共に仕事をしていくために必要な基礎的な力」として「社会人基礎力」の概念が発表されました。

『社会人基礎力　育成の手引き——日本の将来を託す若者を育てるために　教育の実践現場から』（経済産業省　制作・調査　河合塾）

今、社会（企業）で求められている力

「基礎学力」「専門知識」に加え、今、それらをうまく活用し、「多用な人々とともに仕事を行っていく上で必要な基礎的な能力＝社会人基礎力」が求められている。

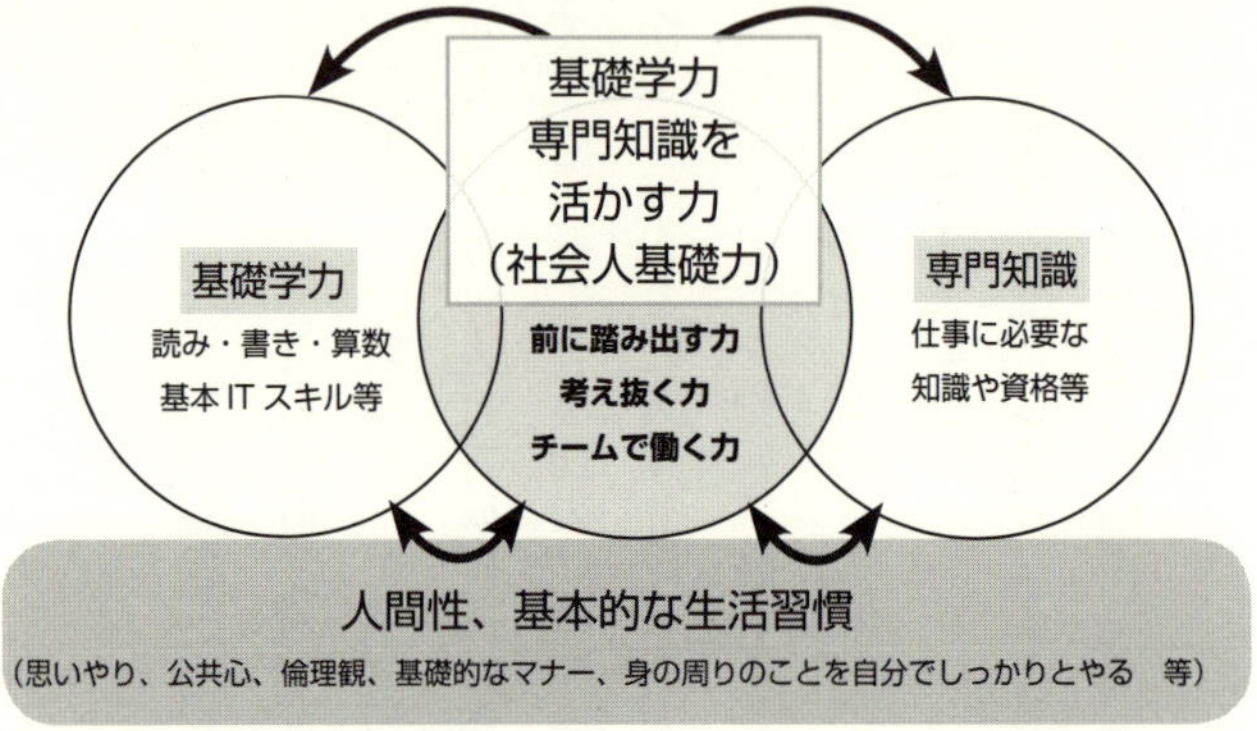

3つの能力 12の要素

前に踏み出す力（アクション）

【主体性】物事に進んで取り組む力
【働きかけ力】他人に働きかけ巻き込む力
【実行力】目的を設定し確実に行動する力

考え抜く力（シンキング）

【課題発見力】現状を分析し目的や課題を明らかにする力
【計画力】課題の解決に向けたプロセスを明らかにし準備する力
【創造力】新しい価値を生み出す力

チームで働く力（チームワーク）

【発信力】自分の意見をわかりやすく伝える力
【傾聴力】相手の意見を丁寧に聴く力
【柔軟性】意見の違いや立場の違いを理解する力
【状況把握力】自分と周囲の人々や物事との関係性を理解する力
【規律性】社会のルールや人との約束を守る力
【ストレスコントロール力】ストレスの発生源に対応する力

【参考資料】

『激動社会の中の自己効力感』２０１３年　金子書房　アルバート・バンデューラ（著）
『弱みを強みに変える本気が目覚める課題解決型学習』２０１３年　梓書院　浮田英彦他（共著）
『日本一の女子大生が教える社会人基礎力』２０１３年　梓書院　浮田英彦（編著）
『社会人基礎力　育成の手引き』２０１０年　朝日新聞出版　河合塾（製作・調査）（著）、経済産業省（編集）
『その幸運は偶然ではないんです』２０１２年　ダイヤモンド社　Ｊ・Ｄ・クラン　ボルツ、Ａ・Ｓ・レヴィン（著）
『考える力を伸ばす教科書』２０１０年　日本経済新聞出版　岸本光永、渡辺三枝子（著）
『企業文化―生き残りの指針』２００４年　白桃書房　エドガー・Ｈ・シャイン（著）
『Ｄ・Ｅ・スーパーの生涯と理論』２０１３年　図書文化　全米キャリア発達学会（著）
『「深い学び」につながるアクティブラーニング』２０１３年　東信堂　河合塾（編著）
『キャリア開発と統合的ライフ・プランニング』２０１３年　福村出版　サニー・Ｓ・ハンセン（著）
『キャリア・アンカー』２０１１年　白桃書房　エドガー・Ｈ・シャイン（著）

【浮田英彦（うきたひでひこ）**】**
福岡女学院大学人文学部現代文化学科教授
キャリア開発教育センター長
熊本大学大学院社会文化科学研究科博士後期課程単位取得退学。
厚生労働省所管　労働政策研究・研修機構でキャリア教育に関する研究を行う。
専門は観光サービス産業の人材育成。
著書に『弱みを強みに変える　本気が目覚める課題解決型学習』（共著、梓書院）『日本一の女子大生が教える社会人基礎力』（編著、梓書院）ほか。

心《こころ》をつかむビジュアル・ストーリー型《がた》プレゼンテーション
ふつうの女子大生《じょしだいせい》たちが身《み》につけた抜群《ばつぐん》のプレゼン力《りょく》の秘密《ひみつ》

平成27年5月15日発行

福岡女学院大学 浮田ゼミ　編著
発行者　田村　志朗
発行所　㈱梓書院
〒812-0044 福岡市博多区千代3-2-1
tel 092-643-7075　fax 092-643-7095

印刷／青雲印刷　製本／岡本紙工

ISBN 978-4-87035-550-7　